RÉPONSE

DU CLUB

DES AMIS DE LA CONSTITUTION

DE NISMES,

Aux faits allégués par MM. Duroure, Razoux, Ferrand de Missol, Pontier, Fornier, Grelleau, Officiers municipaux de la ville de Nîmes, et Boyer, Substitut du Procureur de la Commune, dans l'Adresse qu'ils ont présentée à l'Assemblée nationale.

Nous avons contracté envers l'Assemblée nationale l'engagement folemnel de répondre, par des faits légalement conftatés, aux allégations hafardées dans l'adreffe que les officiers municipaux de Nîmes lui ont préfentée. Pour réfuter cet écrit avec plus de force & de précifion,

A

nous en tranfcrirons fucceffivement les divers paragraphes ; la vérité doit être fimple & calme : feule elle nous fervira de défenfe.

Nous obferverons qu'il a paru deux éditions différentes de cette adreffe.

La première, imprimée à Paris, chez Valeyre, rue Vieille-Bouclerie, fous le nom de fept officiers municipaux, eft celle que nous fuivrons littéralement. La feconde, fous le titre d'adreffe faite au nom des officiers municipaux de la commune de Nîmes, portant le nom du même imprimeur, préfente des différences effentielles que nous ferons fucceffivement connoître. Cette dernière édition a été diftribuée à Nîmes par le fieur Fernel, libraire, l'un des commiffaires de la délibération des pénitens, mandé comme tel à la barre de l'Affemblée nationale. Dans la première, M. Boyer n'a parlé qu'au nom de ceux dont il tenoit des pouvoirs : dans la feconde, deftinée à être répandue dans ces contrées, on a voulu perfuader que cette adreffe étoit l'ouvrage de tous les officiers municipaux (1).

***

(1) Le club a fait donner un acte aux officiers municipaux qui n'ont pas figné les pouvoirs de M. Boyer, pour les fommer de déclarer s'ils approuvoient l'ouvrage dans les deux éditions. Voyez l'acte fous n°. 1 des piéces juftificatives. Les officiers municipaux n'ont rien répondu à cet acte, mais ils ont pris une délibération où ils dénoncent à l'Affemblée nationale celui qui a agi au nom du club, & où ils adhèrent à l'adreffe de M. Boyer.

Adresse à l'Assemblée natio-
nale, faite au nom de
MM. Duroure, Razoux,
Ferrand, de Miffol, Pon-
tier, Fornier, Grelleau,
officiers municipaux, &
Boyer, fubftitut du pro-
cureur de la commune de
Nîmes.

L E S fouffignés officiers municipaux de Nîmes, douloureufement affectés des malheurs qui ont affligé leur patrie, & des bruits calomnieux qu'on a répandus fur leur compte, fupplient l'Affemblée nationale de vouloir bien écouter leurs juftes réclamations.

Toujours religieux obfervateurs de leurs fermens, toujours inviolablement attachés à la conftitution, avec quelle inquiétude n'ont-ils pas dû voir qu'on cherchoit à les rendre odieux à la France entière ! Cependant leur conduite patriotique fembloit les mettre à l'abri de toute imputation injurieufe ; mais que ne peuvent

Réponfe.

D ANS l'édition diftribuée à Nîmes, on a fupprimé le mot *fouffignés*. Si nous prouvons qu'ils auroient pu prévenir les malheurs dont ils fe difent affectés, croira-t-on que leur douleur foit fincère, & que leurs réclamations foient juftes ?

Cette dernière phrafe exige que nous rappelions comment la municipalité a été élue & compofée.

7

Adresse. Réponse.

pas l'intrigue, la vengeance
& l'ambition déçue !

Dès le 8 décembre 1789,
il y eut une assemblée nocturne dans l'églife des Péni-
tens blancs. Un prêtre, vicaire-général de M. l'évêque de
Nîmes, y propofa & fit accepter les perfonnes qu'il dé-
figna pour être préfidens, fecrétaires, fcrutateurs dans les
différentes affemblées primaires. Ce fait eft prouvé par les
dépofitions de deux témoins, dont l'un eft M. de Roche-
more, grand-archidiacre. Le même mois il y eut une autre
affemblée nocturne chez un eccléfiaftique ; elle étoit compofée entre autres perfonnes, de MM. Vidal (depuis procureur de la commune), Froment, Folacher, Vigne,
Michel (depuis commiffaires de la délibération des pénitens), l'abbé Lapierre, Cambacerés, Durand (depuis
notables) : on s'y fixa fur les moyens à prendre pour com-
pofer la municipalité, & en exclure les non-catholiques.

Le moment des élections arrivé, les liftes furent fabri-
quées chez M. l'abbé Lapierre, l'abbé Cabanel, & Michel,
confeiller au préfidial. Ces liftes furent diftribuées avec
profufion. Plufieurs témoins dépofent qu'on donna de l'ar-
gent à ceux qui devoient en faire ufage ; que les curés de
Rodilhan, de Courbeffac & de Bouillargues, villages de
la banlieue de Nîmes, excitèrent avec ardeur leurs paroif-
fiens à faire ufage de ces liftes (1), & l'on fait que les
noms qu'elles portoient font ceux des perfonnes qui com-
pofent aujourd'hui toute la municipalité (2).

---

(1) Voyez une lettre écrite par M. Madon, curé de Bouillargues, fous le n°. 2 des pièces juftificatives. Elle fe trouve encore
dans l'extrait imprimé de l'Information.

(2) Le nom de M. Vincent Valz, officier municipal, fait feul
exception.

5

Réponse.

Il faut convenir, pour l'honneur de la vérité, que tous les amis de la constitution, effrayés des conséquences que pouvoient avoir ces manœuvres, essayèrent vainement d'en empêcher l'effet par leur réunion; mais il seroit aisé de prouver, par le résultat du recensement général fait à l'hôtel-de-ville, que les personnes qui avoient fixé leur choix méritoient l'approbation publique, & que, sans s'arrêter à la différence des opinions religieuses, ils se proposoient d'élire indistinctement ceux de leurs concitoyens les plus fidèlement attachés à la constitution.

Les officiers municipaux ont seuls employé l'intrigue. La résistance, nécessaire aux abus de leur autorité, a excité leur vengeance; & quand ils parlent *d'ambition déçue*, sous quels rapports voient-ils des fonctions qui doivent assurer la paix & le bonheur des citoyens, s'ils y attachent une idée de vanité & de pouvoir?

Adresse.	*Réponse.*
Vainement ils ont fait observer, avec une scrupuleuse exactitude, & dès l'instant qu'ils ont paru, tous les décrets de l'Assemblée nationale.	L'édition distribuée à Nîmes porte : *Et dès l'instant qu'ils l'ont pu*, au lieu de : *Dès l'instant qu'ils ont paru*. Cette première phrase, qui pouvoit être dite à Paris, n'eût pas été soutenable dans les lieux où la conduite de la municipalité est connue. Voici quelques exemples de la manière dont elle a exécuté les décrets.

A-t-elle exécuté toutes les parties des décrets relatifs

Adreſſe.	*Réponſe.*

| | à la contribution patrio- tique ? |

à la contribution patrio-
tique ?

A-t-elle ouvert les regiftres pour l'inſcription civique des jeunes gens de vingt-
un ans ?

A-t-elle veillé avec ſoin
à la conſervation des fo-
rêts ?

A-t-elle fait avec exacti-
tude l'inventaire des maiſons religieuſes, &c. ?

Vainement ils ont offert
une forte contribution patriotique.

On lit, dans l'édition
diſtribuée à Nîmes, *leur
contribution*, au lieu *d'une
forte contribution* ?

On verra en effet, par la
lecture de la pièce juſtifica-
tive, ſous n°. 3, qu'il étoit
convenable de retrancher le
mot *forte.* Cette pièce eſt un
extrait en forme, où l'on a
rapproché le montant de la
contribution patriotique de
chaque membre de la mu-
nicipalité, de celui de ſes
impoſitions, avec la date de
ſa ſoumiſſion à la contribution patriotique. Pluſieurs
de ces ſoumiſſions ſont au-
deſſous du montant des impoſitions que paient ceux
qui les ont faites.

| Adreſſe. | Réponſe. |

Adreſſe.

Ils ont fait une ſoumiſſion de trois millions (1) pour l'acquiſition des biens nationaux. Vainement ils ont voulu favoriſer, par un nouvel établiſſement (2), la circulation des aſſignats.

------

(1) *Vid.* l'extrait de la délibération priſe le 22 mai 1790.

(2) *Vid.* l'extrait de la délibération priſe le 24 mai ſuivant.

Réponſe.

La municipalité prit en effet une délibération le 22 mai, ſur le premier de ces objets, et le 24 mai ſur le ſecond ; mais qui ne ſait comment fut reçue, à l'Aſſemblée nationale, la délibération pour l'acquiſition des biens nationaux ? Elle fut priſe le 22 mai, c'eſt-à-dire, peu après les troubles qui avoient affligé Nîmes ; après le décret du 11 mai, qui mandoit le maire à la barre de l'Aſſemblée nationale, plus d'un mois après le décret rendu ſur les aſſignats ; enfin, après que la plupart des municipalités du royaume avoient déja fait connoître leur vœu à cet égard : auſſi cette démarche tardive & imprévue excitat-elle le dédain de l'Aſſemblée nationale. D'ailleurs la municipalité a bien fait l'offre vague d'acquérir pour trois millions de domaines nationaux, mais elle n'y a donné aucune ſuite ; elle n'a point fait de ſoumiſſion préciſe avec déſignation de

A 4

Adreſſe.

Réponſe.

tels ou tels biens ; elle n'a fait aucune démarche pour l'exécution de ſon offre, de manière qu'il eſt impoſſible de lui vendre le moindre domaine : elle a voulu paroître au nombre des municipalités patriotes, qui offroient d'acquérir des biens nationaux, mais elle n'a point voulu en acheter.

Quant à l'établiſſement d'une caiſſe pour la circulation des aſſignats, il avoit été ſi peu combiné pour le bien public, que le comité des finances le jugea inuſité & inexécutable.

Vainement ils ſont parvenus à exécuter ſans aucun trouble, malgré les efforts de quelques malveillans, l'inventaire des maiſons religieuſes, en grand nombre à Nîmes.

L'inventaire des maiſons religieuſes fut commencé le 5 mai, au moment où les troubles des 2 & 3 étoient à peine appaiſés. On voit aſſez l'inconvenance de cette opération dans un pareil moment. Mais quels étoient donc ces malveillans, qui s'oppoſoient à l'inventaire des égliſes ? Ce ne peut pas être les malveillans prétendus que la municipalité cherche à inculper dans ſon écrit. N'y reconnoît-on pas

Adreſſe.

Réponſe.

plutôt ceux dont nous nous plaignons nous-mêmes ? & ne voit - on pas dans leur conduite, à cette époque, la même marche qu'ont tenu, dans pluſieurs villes, les ennemis de la conſtitution, animés d'un zèle fanatique ? D'ailleurs ces inventaires ont été faits ſi légèrement par la municipalité, que le directoire du diſtrict de Nîmes eſt obligé de les refaire aujourd'hui, & le produit en eſt bien différent (1).

Rien n'a pu fermer la bouche à leurs détracteurs, qui, bravant juſqu'à la honte que doit faire naître un démenti fondé ſur des faits & des pièces authentiques, n'ont pas craint de publier que des ſentimens anti-patriotiques animoient la municipalité de Nîmes, tandis qu'elle donnoit les plus fortes preuves du patriotiſme le plus pur.

Il nous eſt permis ſans doute, d'après les faits que nous avons avancés, de dire à la municipalité, en nous ſervant de ſes propres phraſes, que, *bravant la honte que doit faire naître un démenti fondé ſur des faits & ſur des pièces authentiques,* c'eſt elle *qui ne rougit pas* qu'on lui prouve qu'elle n'a jamais été *animée d'aucun ſentiment patriotique.*

____

(a) La bibliothèque des capucins contient 3,000 vulumes; ils n'avoient noté que 2,000, ſans déſignation des ouvrages. Aux bénédictins, dont la maiſon étoit un hoſpice, ils n'avoient noté aucun meuble, & ils avoient omis un oſtenſoire d'un haut prix & d'un travail précieux. Jugez du reſte.

Adresse. | *Réponse.*

A peine cette municipalité fut-elle installée, qu'on vit s'établir une société dont les chefs, irrités de n'avoir pu parvenir, malgré leurs intrigues, publioient de tout côté que le but de leur institution étoit non-seulement de surveiller, mais encore de contrarier les opérations des représentans de la commune.

Le club de Nîmes se forma dans le même temps que de pareilles sociétés s'établirent dans les principales villes du royaume. Celle de Montpellier venoit de lui en donner l'exemple. Tous les bons citoyens savoient trop bien à quoi la loi les obligeoit envers des magistrats élus par le peuple, pour vouloir les contrarier s'ils ne s'écartoient pas des décrets, & le but de l'institution du club est consigné dans ses réglemens, qui furent alors imprimés. On trouvera, sous le n°. 4 des pièces justificatives, une partie du préambule de ces réglemens que tous les membres du club ont signé.

La municipalité fait un reproche à la société patriotique, de s'être formée peu-après son installation. Faut-il lui rappeler les motifs qui déterminèrent les citoyens à se réunir ? En voici quelques-uns.

Une partie de la compagnie de Froment avoit paru, le jour de l'installation de la municipalité, armée de fourches, malgré la défense expresse du colonel de la légion. Cette désobéissance causa dans la garde nationale une fermentation qui faillit à devenir dangereuse. M. du Cailar, lieutenant de roi de Nîmes, & colonel de la légion, fut insulté par cette compagnie & par le sieur Froment, lui-même ; la municipalité ferma les yeux sur cette conduite répréhensible, & l'on ne sait ce qui seroit arrivé, si M. du Cai-

Réponſe.

lar eût inſiſté ſur le deſir qu'il avoit d'abord manifeſté de donner ſa démiſſion.

C'eſt à cette époque que ſe rapportent divers attroupemens qui occaſionnèrent les aſſaſſinats de Pourcher, de Ribes, d'Allien, & peu de jours après de Maury. Aſſaſſinats qui exigèrent la plus ſévère attention du miniſtère public, qui en acquit les preuves; aſſaſſinats que la municipalité a toujours affecté d'ignorer, qu'elle a même oſé nier à la France entière dans ſa délibération du 22 Avril.

C'eſt à cette époque encore qu'il faut rapporter des placards ſcandaleux & fanatiques que la municipalité ne voulut point connoître, quoiqu'ils euſſent indigné tous les bons citoyens; falloit-il attendre des motifs plus preſſans pour ſe réunir?

Le club n'a fait que trois pétitions :

La première, ſur le réglement proviſoire de la municipalité, concernant la légion Nimoiſé;

La deuxième, pour exciter ſa vigilance ſur les commenmens effrayans des diviſions, & pour dénoncer des libelles, & les cocardes blanches ;

La troiſième, pour dénoncer les cocardes noires & les fourches.

On trouvera ces trois pétitions ſous les nᵒˢ 5 , 6 & 7 des pièces juſtificatives; nous joindrons ici quelques obſervations,

Sur la première, le club n'obtint point de ſurſis; & bientôt cependant le décret de l'Aſſemblée nationale, du 30 Avril, prouva que ſa demandé étoit bien fondée.

Sur la ſeconde, la municipalité ne fit point de proclamation : mais le 4 mai, lorſque les troubles furent finis, elle fit afficher une proclamation ſur la chaſſe, en date du 29 avril, qui répondoit indirectement aux demandes du club ſur les cocardes blanches, quand il n'étoit plus tems.

Réponse.

Le club avoit fait la troisième dans une bonne intention : il avoit craint de voir renouveler les troubles dont il venoit d'être témoin ; la municipalité s'empressa cette fois de répondre sur la partie des cocardes seulement, pour en avoir occasion d'inculper le club, comme elle a fait depuis : cette inculpation, dénuée de fondement, est d'ailleurs sans force, puisque le membre du club qui avoit fait cette démarche & cette dénonciation par un vif intérêt pour la paix publique, est M. Aubary, catholique. On trouvera, sous le n°. 8 des pièces justificatives, l'explication qu'il donne lui-même de ce fait (1).

Comment la municipalité se justifiera-t-elle du motif qui lui fit livrer promptement à l'impression cette troisième pétition avec les noms de tous ceux qui l'avoient signée ? Ne voit-on pas dans cette démarche l'intention d'indiquer à la multitude ignorante, ceux qu'elle lui présentoit dans ses délibérations comme ses ennemis ?

Adresse.	*Réponse.*
Ils tenoient en sentinelle, depuis le matin jusqu'au soir, deux commissaires dans le greffe de la maison commune, lesquels s'emparant des registres, ou pour les compulser, ou pour en faire des extraits, mettoient souvent les officiers municipaux dans le cas de les attendre.	Nous ne pouvons mieux répondre à cette allégation, que par l'acte authentique dans lequel le sieur Berdincq, greffier de la municipalité, la désavoue comme calomnieuse ; cet acte se trouve sous le n°. 9 des pièces justificatives.

(1) Un facteur de la poste a déclaré qu'étant allé chez le sieur Froment pour lui rendre une lettre, il avoit vu dans son sallon beaucoup de ces cocardes.

<table>
<tr><td>

Adresse.

Ce n'est pas tout encore ; on les décrioit, mais inutilement, auprès du peuple, dont on ne faisoit par là qu'accroître la confiance ; on les calomnioit auprès des soldats, on suscitoit contre eux des cabales & des émeutes ; & lorsque, dans celle du mois de mai, certains malveillans excitoient les soldats à verser le sang de leurs concitoyens, un autre crioit près de l'hôtel - de-ville : *C'est le moment de couper la tête de M. le baron de Marguerittes, maire* (1).

____

(1) *Vid.* pour la preuve de ce fait, les déclarations des témoins 17, 18, 19 & 20 de la suite du procès-verbal concernant les événemens du 2 mai & jours suivans.

</td><td>

Réponse.

Les citoyens qui savent user de leurs droits avec courage, n'oublient jamais ce qu'ils doivent aux magistrats dans leurs fonctions.

On ne peut trouver de prétendues preuves de pareils faits, que dans le procès-verbal, seul titre sur lequel les officiers municipaux se fondent pour ces allégations.

Ce procès-verbal est leur propre ouvrage ; M. l'abbé de Belmont, l'un d'eux, qui prit la fuite dès le 13 juin au

</td></tr>
</table>

Adreſſe. *Réponſe.*

foir, en eſt l'auteur. Lés principaux témoins qui y jouent un rôle, ſont, pour la plupart, des ſignataires de la délibération des pénitens, ou des volontaires ſervant dans les compagnies à houpes rouges, ou des perſonnes connues par des aventures peu honorables; enfin la municipalité croit ſi peu que ſon procès-verbal en audition de témoins puiſſe être légal, que c'eſt ſur les faits qui y ſont contenus, qu'elle a demandé enſuite au procureur du roi d'informer.

On nous cite, ſans preuve, un propos infâme tenu, on ne ſait par quel citoyen. Celui tenu par le maire chez M. le juge-mage de Nîmes, eſt atteſté par des citoyens dignes de foi : MM. Pieyre, auteur de l'école des Pères, David, Mazel & l'abbé de Vallongue (1).

______

(1) Le ſoir du 4 mai, jour de la publication de la loi martiale, le maire étant chez le juge-mage, on lui témoignoit les craintes qu'on avoit eues pour lui. « Si j'avois recu, dit-il, la moindre égratignure, » cent des plus riches & des plus notables auroient péri »; & ſur l'obſervation qui lui fut faite, que dans une guerre générale il pouvoit périr mille citoyens, il répliqua : « Non, je vous dis cent des » plus riches. »

| *Adreſſe.* | *Réponſe.* |

Adreſſe.

Ils répandoient en province, & ſur tout à Paris, des libelles incendiaires contre la municipalité (1).

(1) Telles ſont différentes adreſſes du *club* des prétendus *amis de la conſtitution ; le nouveau complot découvert ; le précis hiſtorique ſur les déſordres arrivés à Nîmes ; la victoire remportée par les patriotes de la ville de Nîmes, ſur les ſoi-diſant catholiques ; le détail exact des aſſaſſinats & des cruautés commis par les ſoi-diſant catholiques de la ville de Nîmes envers les amis de la conſtitution ; le récit des événemens arrivés à Nîmes les 13, 14, 15, 16 & 17 Juin 1790 ; les vérités hiſtoriques ſur les événemens arrivés à Nîmes le 13 juin & les jours ſuivans, publiés par le club des prétendus amis de la conſtitution.*

Ils diſoient, ils publioient qu'ils ne ſeroient contens que quand elle ſeroit deſtituée, & ils employoient contre elle des intrigues, des machinations affreuſes : ainſi on calomnioit ſourde-

Réponſe.

Quelques-uns des prétendus libelles cités en note dans l'écrit des officiers municipaux, ne ſont point l'ouvrage du club. Il n'a fait paroître que l'ouvrage intitulé : *Vérités hiſtoriques ſur les événemens arrivés à Nîmes le 13 juin & les jours ſuivans.* Cet ouvrage n'eſt point un libelle; on peut s'en convaincre en le liſant. Les officiers municipaux n'ont pas rougi de ranger ſous cette dénomination l'écrit des événemens arrivés à Nîmes, RÉDIGÉ PAR L'ASSEMBLÉE ADMINISTRATIVE DU DÉPARTEMENT DU GARD: nous les renvoyons à l'adreſſe du directoire de ce département, préſentée à l'Aſſemblée nationale le 25 Décembre; ils y verront leur impoſture dénoncée.

Cette adreſſe eſt ſous le n°. 10 des pièces juſtificatives.

Ces allégations ſont fauſſes. Des plaintes juſtes & hautement prononcées dans des mémoires imprimés, ne peuvent être appelées de *ſourdes* calomnies.

ment dans une correſpon-dance avec les clubs du royaume.

Ainſi on faiſoit arracher la cocarde blanche à des gens qui n'en avoient jamais porté d'autres ; parce que cette cocarde avoit été dès le príncipe , en novembre 1788 , le ſignal du patrio-tiſme & de la liberté (fait atteſté par ſoixante officiers de la légion) ; ainſi un membre du club inventoit & faiſoit fabriquer des co-cardes noires , ſurmontées d'une croix blanche (1), pour avoir lieu d'accuſer les catholiques de vouloir re-nouveler les croiſades ; ainſi on déclamoit avec fureur contre un capitaine de la lé-gion qui avoit donné quel-ques fourches aux ſoldats de ſa compagnie , dépour-vus d'armes , tandis que , d'un autre côté, on en com-

S'il exiſte des dépoſitions à l'appui de ces inculpations, elles ne peuvent ſe trouver encore que dans le procès-verbal de la municipalité que que nous avons déja cité, & dont elle s'eſt conſtamment refuſée à donner connoiſſance à ceux contre leſquels il eſt dirigé.

Cependant nous pouvons aſſurer qu'à l'époque du mois de juillet 1789 , toutes les compagnies arborèrent la co-carde nationale , que quel-ques volontaires, pour leur commodité, en adoptèrent enſuite, ſans intention, de ru-ban noir, ou du bazin blanc ; mais les cocardes noires (*a*) ayant occaſionné une eſpèce d'émeute à Paris, les chefs de la légion Nimoiſe donnèrent des ordres pour qu'on n'eût à

---

(1) *Vid.* l'extrait du procès-verbal du 14 mai 1790, & la pé-tition du *club* des prétendus *amis de la conſtitution*, qui eſt im-primée à la ſuite.

(*a*) Et ſur-tout les blanches. (*Note des éditeurs.*)

mandoit

Adreſſe.	*Réponſe.*

mandoit par centaines, de même que de longues cartouches de fer - blanc, au bout deſquelles étoient ſoudées des balles meurtrières.

porter que des cocardes aux trois couleurs. Ces cocardes furent en effet généralement admiſes, juſqu'à la fin du mois d'avril 1790, où l'on vit des capitaines, bas-officiers & volontaires de certaines compagnies, quitter avec affectation la cocarde nationale, pour lui ſubſtituer une large cocarde de ruban blanc (1).

Note des éditeurs.

(1) La cocarde blanche étoit reconnue pour un ſignal de contre-révolution : elle avoit été proſcrite à Paris par une inſurrection générale, au mois d'octobre précédent, & ce ſigne étoit mis en réſerve par les malveillans, pour annoncer l'oppoſition à la cocarde nationale : elle devoit être arborée à Caſtres dans le même temps qu'à Nîmes : elle devoit l'être à Montauban ; & perſonne n'a oublié qu'au commencement de mai il devoit y avoir une inſurrection ariſtocratico-fanatique dans tout le Languedoc ; elle échoua à Touloufe, par la ſageſſe de la municipalité ; elle manqua à Caſtres ; elle eut un ſuccès barbare, mais éphémère, à Montauban ; elle fut déconcertée à Alais & Uzès : elle ne réuſſit pas à Nîmes par la bravoure & le patriotiſme du régiment de Guienne.

La municipalité, qui auroit dû proſcrire la cocarde blanche, ſur-tout quand elle lui étoit dénoncée, & qui ne le fit que quand le coup fut manqué, ſe juſtifie aujourd'hui comme elle peut. Mais on lui répond :

Que ſi dans les mouvemens patriotiques de novembre 1788, la cocarde blanche fut priſe, elle ne fut pas miſe au chapeau, mais à la boutonnière. Le lieutenant-de-roi l'avoit défendu, & perſonne ne la mit au chapeau ; c'eſt un fait connu dans le pays.

Que quand elle fut uſée, & le mouvement paſſé, on ne la porta plus.

Réponſe du club de Nîmes.

B

Adresse.   *Réponse.*

Tout le monde fait qu'au mois de novembre 1788, il n'y avoit point de garde

---

Que quand, en 1789, il se forma une garde nationale à Nîmes, son réglement lui prescrivit de porter, *comme à Paris,* une cocarde bleue & blanche.

Que si des légionnaires ont cependant arboré une autre cocarde, c'étoit une preuve, non que la chose fût indifférente à la nation, mais, tout au plus, qu'elle l'étoit à ces légionnaires :

Que cependant si l'on vit porter cette cocarde par certains légionnaires de préférence, on ne peut croire que ce soit sans intention.

Que si ces légionnaires sont les mêmes qui se sont choisis d'une seule religion pour se distinguer, & qui ont signé les délibérations incendiaires, le soupçon augmente.

Que si ce sont les mêmes qui ont fait faire & qui ont porté des fourches, s'ils ont pris de préférence un uniforme verd, si leur chef est refugié à Turin, si tout cela se lie avec les autres mouvemens du Languedoc, la cocarde blanche est un vrai signal de contre-révolution.

Qu'en effet cette cocarde fut tout-à-coup arborée, à la fin d'avril, par des compagnies entières, non des compagnies mixtes & patriotes, mais des compagnies à fourches, des compagnies croisées, des compagnies qui vouloient, disoient-elles, venger la religion : l'information le prouve.

Que l'indignation des soldats de Guienne étoit une indignation nationale, & que s'ils arrachèrent les cocardes blanches, arborées avec tant d'uniformité & d'insolence, ils firent leur devoir ; que la municipalité, qui leur en fait un crime, & les accuse de s'être enivrés, décèle son penchant pour la cocarde blanche ; car si elle étoit patriote, elle ne blâmeroit pas les soldats, elle les loueroit.

Que l'information faite par la municipalité contre ces soldats, prouve sa partialité.

Qu'enfin, plus la municipalité s'agite pour adoucir l'impression fâcheuse de cette cocarde, pour calomnier les soldats, pour justifier les légionnaires, pour soutenir faussement qu'on l'avoit toujours portée, plus elle s'enferre dans sa propre épée.

Adreſſe.	*Réponſe.*

nationale, & qu'il n'exiſtoit point de cauſe générale de porter la cocarde.

Quant aux cocardes noires ſurmontées d'une croix, nous avons précédemment expliqué ce qui peut avoir donné lieu à cette fauſſe allégation.

Enfin, on obſervera que le ſieur Larnac, cité par les officiers municipaux pour avoir fait faire des cartouches meurtrières, n'eſt pas membre du club; qu'il n'eſt jamais convenu du fait qu'on lui impute; que ce fait ne doit être conſigné que dans le procès-verbal de la municipalité, & que ce tort d'un particulier (ſi c'en eſt un (1)) ne peut être un motif de blâme pour ſes concitoyens, ni être comparé par des magiſtrats, au tort d'un capitaine & d'une compagnie qui s'arment de fourches, malgré les défenſes du commandant.

____

(1) Le 2 mai on s'égorgeoit : le lendemain on recommence, le ſieur Larnac prépare des cartouches : voilà le crime du ſieur Larnac. (*Note des éditeurs.*)

Adresse.

Ainſi, lors de l'aſſemblée électorale, on circonvint les électeurs, on calomnia auprès d'eux les repréſentans de la commune, parce qu'ils avoient prévu & prévenu de funeſtes complots, & on pouſſa l'animoſité juſqu'au point de les inſulter en pleine aſſemblée.

Réponſe.

Qu'il nous ſoit permis de nous récrier ici ſur l'indécence de cette inculpation ! Qui croira que trois cents ſoixante électeurs d'un grand département, ſe ſoient laiſſé circonvenir, & qu'ils aient pu partager ſans intérêt, l'animoſité qu'on nous ſuppoſe ?

Ce n'eſt pas à nous, au reſte, à juſtifier l'aſſemblée électorale. Obſervons ſeulement que ce n'eſt pas ſans fondement qu'elle témoigna ſon mécontentement contre la municipalité, puiſque cette municipalité ayant fait ceſſer les précautions qui, juſques-là, avoient garanti les électeurs de tous excès, un d'entr'eux fut inſulté, un porta ſes plaintes à l'aſſemblée, & ne reçut pour toute réponſe du procureur de la commune que ces mots : *Ce n'eſt pas comme électeur que vous avez été inſulté, mais comme particulier.*

On ſait que ce même procureur de la commune, juſqu'à la veille des élections, parcouroit les communautés

Adreſſe.	*Réponſe.*

du département, voiſines du Rhône, cherchant en vain à ſe rendre maître des ſuffrages pour le choix des adminiſtrateurs.

Ainſi, on engagea le diſtrict de Sommières à former un camp lors de la tenue de cette aſſemblée (1).

Il eſt abſolument faux que le club ait engagé le diſtrict de Sommières à former un camp. Il ſeroit au contraire facile de prouver que quelques-uns de ſes membres, conſultés ſur ce projet, ne le crurent point néceſſaire. La municipalité, en forçant le diſtrict de Sommières à y renoncer par la manière odieuſe dont elle affecta de conſidérer cette précaution, ne mérite-t-elle pas le juſte reproche de s'être oppoſée à un moyen ſage d'en impoſer aux malveillans ? Pour faire connoître les principes de la municipalité de Nîmes, & l'engagement qu'elle avoit contracté, les délibérations priſes ſur cet objet par les municipalités de Sommières & de Nîmes ſe trouveront ſous le n°. 11 des pièces juſtificatives.

(1) *Vide* la proclamation du corps municipal du 31 mai 1790.

Adreſſe.

Réponſe.

L'édition répandue à Nîmes porte cette variante:

Ainſi, les dragons de la garde nationale, preſque tous membres du club, répondirent à quelques propos inconſidérés, en faiſant une décharge, & c'eſt par-là que commencèrent les ſcènes de ſang, de carnage & d'horreur du mois de juin dernier.

Ainſi, les dragons de la garde nationale, preſque tous membres du club, ſous, prétexte d'un billet qui leur fut apporté par un inconnu, tirèrent quelques coups de fuſil, & c'eſt parlà que commencèrent les ſcènes de ſang, de carnage & d'horreur du mois de juin dernier.

On apperçoit qu'on **a** voulu rendre à Paris la conduite des aggreſſeurs moins coupable, en ſupprimant l'incident du billet qu'il a bien fallu rétablir dans l'édition de Nîmes où ce fait étoit notoire : nous renvoyons à ce ſujet aux détails que nous avons donnés dans l'ouvrage intitulé : *Vérités hiſtoriques*, &c., & qui ſont confirmés par les dépoſitions des 2, 19, 25, 36, 48, 63, 71, 76, 100, 105, 152 & 157 mes témoins de l'information.

Cet acharnement, ces excès réitérés avoient fait naître depuis long-tems les

On obſervera facilement la perfidie du rapprochement de la première partie de ce

· 25

| *Adreſſe.* | *Réponſe.* |

plaintes des amis de la paix; ils voyoient avec douleur qu'on cherchoit à la troubler. Un grand nombre de citoyens *actifs* (1), s'étoient aſſemblés le 20 d'avril, ſuivant la forme preſcrite par les décrets, & ils avoient mis ſous les yeux de la municipalité une pétition, dans laquelle les membres du club étoient dénoncés comme des hommes *qui, n'ayant que l'hypocriſie du patriotiſme, ne tendoient à rien moins qu'à allumer le flambeau de la diſcorde, & peut-être même celui de la guerre civile.*

---

(1) On a affecté de reprocher aux officiers municipaux d'avoir ſouffert une *aſſemblée de catholiques*, tandis que dans l'avis donné à la municipalité, ces citoyens n'ont pris que le titre de citoyens actifs, conformément à l'article 62 du décret concernant l'organiſation des municipalités.

paragraphe, avec la dernière de celui qui le précède : on croiroit d'abord que les prétendus amis de la paix ont pu ſe plaindre dès le mois d'avril, des troubles qui ne ſont arrivés que dans le mois de juin : mais ce qui eſt plus biſarre, ces concitoyens, qui s'étoient aſſemblés le 20 avril, ſuivant *la forme preſcrite par les décrets*, ſont ceux qui, le même jour 20 avril, ont ſigné la trop fameuſe délibération priſe dans l'égliſe des Pénitens blancs, délibération qui, de l'aveu de la France entière, tendoit *à allumer le flambeau de la diſcorde & de la guerre civile :* ce ſont les mêmes qui, dans les verbaux de la municipalité, ſont toujours préſentés par elle comme dénonciateurs ou témoins. De pareils citoyens peuvent-ils être juges des principes du club, qui, d'ailleurs, le 20 avril, n'exiſtoit que depuis cinq jours, & n'avoit préſenté qu'une ſeule pétition, ſur un réglement inconſtitutionnel fait par la municipalité?

B 4

Adresse.

Des cris d'indignation se firent alors entendre de toutes parts contre une association si fatale pour la tranquillité publique. On demandoit inſtamment la ſuppreſſion, au moins proviſoire, de ce club perturbateur, & le peuple indigné ſe ſeroit porté en foule pour empêcher ſes aſſemblées, sans la vigilance continuelle des officiers municipaux qui préſervèrent cette ſociété des déſagrémens auxquels fut expoſée dans la capitale, & preſque à la même époque, une aſſemblée de citoyens, quoiqu'elle eût eu la précaution de ſe munir de l'approbation de la municipalité de Paris.

Réponſe.

On ne ſait de quel ſentiment on eſt animé à la lecture de ce paragraphe. Quelle peut être l'intention de ce ridicule rapprochement des prétendues inſultes dont le club fut préſervé, & de celles auxquelles furent expoſés certains citoyens de Paris? Veut-on dire que ces deux aſſemblées, l'une des amis de la conſtitution de Nîmes, l'autre des ariſtocrates de Paris, les plus connus, pourroient avoir quelque rapport? Cette phraſe n'a point de ſens, ou elle a celui-ci: M. Bailly, maire de Paris, *attaché aux principes de la conſtitution*, n'a pas ſu préſerver d'une inſulte populaire une aſſemblée d'ariſtocrates; au contraire, M. de Marguerite, maire de Nîmes, éloigné des principes de la conſtitution, a eu la généroſité de protéger une aſſemblée d'amis de la conſtitution. Au reſte, nous obſerverons que ni l'un ni l'autre fait ne ſont exacts; mais on a de la peine à ſaiſir le rapport qui peut exiſ-

25

Adresse.   *Réponse.*

ter entre ces deux évènemens connus , entre ces deux municipalités. Ce qui eft afluré, c'eft que le peuple, foi-difant *indigné*, n'a jamais menacé le club d'une manière affez effrayante pour inquiéter MM. les officiers municipaux. Quelques bruits populaires, quelques honteux placards auroient pu épouvanter les membres du club, s'ils n'euflent pas eu le courage que donne une bonne confcience. Mais, ce qui pourroit porter bien plus d'atteinte à leur repos, c'eft' l'affectation de la municipalité de les indiquer comme des perturbateurs du repos public; de ne répondre à aucunes de leurs pétitions; de ne pas prendre connoiffance des motifs de leur demande ; de ne pas craindre enfin de rendre publique une adreffe du 17 mai, dans laquelle elle n'a pas rougi d'inférer le paragraphe qu'on lira fous le n°. 12 des pièces juftificatives, contre une affociation qui réunit plus de cent pères de familles, con-

26

nus la plupart par leur âge reſpectable, les vertus de leur famille, & l'uſage qu'ils ſavent faire de leur fortune; contre des perſonnes, enfin, qui n'ont d'autre tort que d'avoir deſiré par - deſſus tout le maintien de la conſti- tution.

Il eſt aſſez remarquable d'entendre dans cette adreſſe du 17 mai, M. Labaulme, officier municipal, ayant le dévolu, proférer les paroles qu'elle renferme, & de voir enſuite ce même M. La- baulme écrire, le 4 juillet, au club une lettre, qu'on trouvera auſſi ſous le n°. 12 des pièces juſtificatives. Nous oſons avancer que, dans la lettre, que, ſeul, il a ſignée, ſon opinion ſur les membres du club a été plus libre que dans le conſeil général de la commune.

Si le club n'avoit fait que calomnier le corps munici- pal, les magiſtrats intègres qui le compoſent auroient fermé les yeux ſur des excès auſſi impuiſſans que repré- henſibles; mais la conduite

Les faits dont on préſente un apperçu ſi rapide dans ce paragraphe, ne ſont conſi- gnés, d'après l'aveu des offi- ciers municipaux, que dans le même procès-verbal qu'ils ont rédigé, & dans lequel

27

| *Adreſſe.* | *Réponſe.* |

Adreſſe.

de pluſieurs membres (1) du
lub, lors des émeutes des
premiers jours de mai, des
contre-patrouilles faites de
nuit avec des armes char-
gées, des coups de piſto-
let (2) tirés ſur des groupes au
milieu deſquels les officiers
municipaux s'efforçoient
de mettre la paix, & tant
d'autres démarches (3) in-
ſubordonnées, dont on trouve les preuves dans les verbaux dreſſés à cette époque,
& depuis long-tems dépoſés
au comité des recherches,
forcèrent enfin, le 17 mai,

(1) Dans le procés-verbal du
2 mai, les déclarations des témoins 20 & 23, officiers de la
légion, & 41 du ſieur de Sali-
gnac, lieutenant du régiment de
Guienne.

(2) *Vide* les déclarations des
7 & 15e témoins, *idem.*

(3) Quelque temps aprés ils
mirent le comble à cette inſubordination, en faiſant charger
les fuſils de certaines compagnies, en préſence de la légion
aſſemblée ſur l'eſplanade le jour
de la Fête-Dieu, ce qui fut ſur
le point d'exciter un incendie
général.

Réponſe.

quelques faits iſolés, quelques circonſtances peu im-
portantes doivent avoir été
préſentés par eux comme des
projets concertés : de ce nombre eſt une patrouille faite
par un capitaine de la garde
nationale autour de la maiſon & de l'aveu du colonel
de la légion ; & une autre,
faite d'ordre du maire un
jour de fauſſe alarme, & à
la tête de laquelle le maire
étoit lui-même.

Il eſt queſtion dans ce paragraphe des démarches in-
ſubordonnées, & on trouve
par un renvoi cette note (3) :
Voyez la note ci à côté.

Nous en appelons au té-
moignage de toutes les perſonnes qui ont été à la tête

Adreſſe.	*Réponſe.*

Adresse.

le corps municipal à dénoncer ces perturbateurs du repos public à l'aſſemblée nationale.

Depuis long-temps ils avoient intéreſſé à leur cauſe le procureur du roi au préſidial de Nîmes. Celui-ci s'étoit empreſſé de porter plainte, d'après la dénoncia-

Réponse.

de la légion depuis ſa création, pour dire de quel côté s'eſt manifeſtée l'inſubordination, celle qui éclata en pàrticulier le jour de la Fête-Dieu, & qui faillit coûter la vie à M. de Saint-Pons, major-commandant de la légion, eſt conſignée dans le mémoire que ce même M. de Saint-Pons a envoyé aux députés de la ſénéchauſſée de Nîmes, avec prière de le mettre ſous les yeux de l'Aſſemblée nationale. On y voit jouer un rôle principal à MM. Froment, Vigne, Melquiond, COMMISSAIRES DE LA DÉLIBÉRATION DES PÉNITENS.

C'eſt ici le moment d'obſerver que ces commiſſaires & leurs adhérens ſont conſtamment ceux que la municipalité prend ſous ſa protection, avec leſquels elle confond ſes intérêts.

Nous ſommes forcés de le répéter ; on ne conçoit pas comment la municipalité oſe encore nier l'exiſtence des délits commis dans les mois de mars & d'avril. Ces délits

tion de certaines perſonnes avec leſquelles il a des liaiſons intimes, ſur de prétendus délits commis dans le mois d'avril. Il en fit autant ſur une autre dénonciation relative aux troubles du mois de mai ; & lorſque la municipalité lui indiqua, par l'entremiſe du procureur de la commune, une foule de faits plus graves les uns que les autres ; lorſque celui-ci lui communiqua un extrait de la délibération (1) priſe à ce ſujet par le conſeil général de la commune, il n'y eut aucun égard.

Ce conſeil craignant que ſi l'on négligeoit de pourſuivre cette procédure, les auteurs des émeutes du mois de mai ne demeuraſſent impunis, & qu'il en réſultât de grands malheurs, chargea le procureur de la commune de

ſont prouvés par une procédure faite ſur la plainte du procureur du roi. Les officiers municipaux les ignorent ſi peu, que trois d'entr'eux firent des deſcentes chez les nommés Pourcher & Maury, bleſſés par des aſſaſſins.

S'il eſt une dénonciation récriminatoire, c'eſt véritablement celle que la municipalité a faite : il ne faut pour cela que conſulter les dates. La plainte que le procureur du roi porta ſur les évènemens du mois de mai,

---

(1) Cette délibération contient les faits les plus graves, & cependant le procureur du roi n'y a point fait attention, quoique le décret qui renvoie au préſidial de Nîmes ordonne d'informer ſur les circonſtances & dépendances.

Adreſſe. *Réponſe.*

faire un acte (1) au procureur du roi de le ſommer de
recevoir la dénonciation, &
lui indiquer les premiers témoins à entendre.

fut le 10 ; la délibération par
laquelle la municipalité charge le procureur de la commune de dénoncer, eſt du
13 ; & jamais cette délibération n'eût été priſe, ſi l'on
n'eût eu connoiſſance de la
première plainte qu'on avoit
intérêt d'arrêter, & ſur laquelle 20 témoins avoient
déja dépoſé.

Le croiroit-on ? cet acte
ſignifié le 15 mai (2), ne
produiſit aucun effet. Quel
parti prendre en des cir-
conſtances ſi critiques ? Réclamer la juſtice & l'autorité du Roi, & c'eſt ce que
firent les repréſentans de la

Si les Officiers munici-
paux étoient de bonne foi,
ils raconteroient les faits relatifs à la conduite du procureur du roi tels qu'ils ſont.
Les voici :

Le ſieur Vidal, procureur
de la commune, s'étant ren-

---

(1) Il eſt eſſentiel que cet acte ſoit lu en entier à l'aſſemblée,
parce qu'il a été ſignifié dès le 15 *mai*, & qu'il contient l'indi-
cation de certains témoins à faire entendre. Le refus conſtant du
procureur du Roi ne ſera pas excuſé ſans doute par ſon allégation, qu'aux termes de la Déclaration du Roi, du 2 octobre 1703,
les officiers municipaux ne peuvent intenter aucune action, ni
commencer aucuns procès ſans une autoriſation du commiſſaire
départi dans la province ; & que la dénonce du procureur de la
commune n'étant pas revêtue de la ſanction de M. l'intendant,
elle eſt illégale, & ne peut produire aucun effet.

(2) Il eſt réſulté de ce refus, que pluſieurs témoins très-eſſen-
tiels ont péri dans les fatales journées du mois de juin, & que
pluſieurs autres proſcrits ont été contraints de s'expatrier. Eſt-il
maintenant en la puiſſance du procureur du Roi de réparer le tort
qu'il a fait aux accuſés ?

Adreſſe.

commune. M. le garde-des-
ſceaux, après avoir mis cette
affaire ſous les yeux du conſeil (1) , enjoignit au procureur du roi de recevoir la
dénonciation , & demanda
au corps municipal : « Vous
» m'avez envoyé la délibéra-
» tion du 17 de ce mois ,
» qui a pour objet de vous
» plaindre du refus que fait
» le procureur du roi d'inſ-
» truire une procédure ſur la
» dénonciation du corps mu-
» nicipal; je crois, en effet ,
» que ſes motifs de réſiſtance
» ne ſont pas très-ſolides.
» Il ne ſemble pas qu'il
» puiſſe demander l'autoriſa-
» tion formelle du commiſ-
» ſaire départi dans la pro-
» vince, ni inſiſter, dans les
» circonſtances préſentes, ſur
» l'application d'un régle-
» ment purement fiſcal ».
  Nouvelle réclamation de
la municipalité , au com-
mencement du mois de juin.
Le procureur du roi feint
d'obéir; mais ſur cent té-

Réponſe.

du chez M. le procureur du
roi, pour faire la dénonciation, celui-ci vouloit exiger,
ſuivant l'uſage du tribunal
de Nîmes, que le dénonciateur ſe rendît expreſſément
reſponſable des ſuites de la
dénonciation : le ſieur Vidal
prétendit que ſa qualité de
procureur de la commune
l'en diſpenſoit. M. le procureur du roi demanda alors ſi
le conſeil général de la commune avoit été autoriſé par le
commiſſaire départi, comme
l'exige la déclaration du 2
octobre 1703 ; on n'avoit
pas cette autoriſation : le
procureur du roi crut donc
ne pas pouvoir recevoir la
plainte. On lui fait un acte,
il réitère la réponſe qu'il avoit
faite, & l'on s'adreſſa , de
part & d'autre , à M. le
garde-des-ſceaux. M. le garde-des-ſceaux répondit au
procureur du roi, que dans
les circonſtances actuelles, il
ne croyoit pas l'autoriſation
de l'intendant néceſſaire ;

---

(1) Apperz la copie de la lettre de M. le garde-des-ſceaux.

Adresse. | *Réponse.*

moins, il n'en fait entendre que deux, & retire sa plainte.

qu'aux termes de l'article VII du titre III de l'ordonnance de 1670, le dénonciateur étoit soumis, de plein droit, à la garantie, sans qu'il soit besoin d'une clause expresse; que cependant on ne pouvoit se refuser à voir que s'il n'avoit pas d'intérêt réel à exiger cette clause, les officiers municipaux n'en avoient pas non plus à la lui refuser, puisqu'elle n'ajoutoit rien à leur engagement, ainsi qu'il le leur marquoit par le même courier. Le proreur du roi reçut la dénonciation : on lui donna le 8 juin la note, non pas de cent témoins, comme on a osé l'avancer, mais seulement de vingt-un, qu'il fit tous assigner dès le 10, après avoir porté sa plainte (1).

La lettre de M. le garde-des-sceaux, du 28 mai, décidoit que les officiers municipaux demeureroient responsables de leur dénoncia-

___

(1) Voyez dans les pièces justificatives la liste des vingt-un témoins, signée par le sieur Vidal, & l'exploit d'assignation fait à chacun d'eux. On la trouvera parmi les pièces justificatives.

tion :

33

Adresse. *Réponse.*

tion : ils donnent un extrait de cette lettre , & ont gardé le silence sur cette décision : ils font plus ; ils taisent la délibération qu'ils prirent le 9 juin , dans l'intention de se soustraire à la garantie à laquelle la loi les soumettoit. Déja l'information étoit commencée , deux témoins avoient été entendus , lorsque M. le procureur du roi , instruit de cette délibération, se vit obligé de suspendre ses poursuites , instruisit M. le garde-des-sceaux des motifs de cette suspension , & le prévint qu'il attendroit ses ordres ultérieurs pour reprendre les poursuites : le silence qu'a gardé jusqu'à ce jour M. le garde-des-sceaux détruit l'inculpation faite par la municipalité au procureur du roi.

Il est essentiel d'observer que dans une note qui se rapporte à ce paragraphe, on lit : (1) Voyez la note ci-contre.

Aucun des témoins administrés par M. Vidal, & dont la note est parmi les pièces

(1) Il est résulté de ce refus , que plusieurs témoins très-essentiels ont péri dans les fatales journées du mois de juin , & que plusieurs autres proscrits ont été contraints de s'expatrier. Est-il maintenant en la puissance du procureur du roi de réparer le tort qu'il a fait aux accusés ?

Réponse du club de Nîmes. C

| *Adresse.* | *Réponse.* |

Adresse.

Ce paragraphe se rapporte au mot *dans l'édition.*

Le motif secret de cette conduite se trouve peut-être expliqué par le procès-verbal, où plusieurs témoins déclarent que ce fut dans un jardin (1) que le procureur du roi garde pour son amusement, que s'assemblèrent en partie ceux qui causèrent les émeutes du mois de mai.

____

(1) Ce fait est prouvé par les déclarations des témoins 8e & 43e, procès-verbal du 3 mai.

Réponse.

justificatives, n'a péri, comme on ose l'avancer, & il n'existe aucune proscription qui empêche le petit nombre de ceux qui peuvent être absens de se présenter quand ils voudront.

Tous ces faits sont établis par la procédure dont on a pris connoissance au greffe, & on trouvera sous le n°. 13 toutes les pièces justificatives qui y ont rapport.

Dans l'édition distribuée à Nîmes, on lit ce même paragraphe rédigé de la manière suivante :

« Le motif secret de cette » conduite se trouve peut- » être expliqué par le procès- » verbal, où plusieurs té- » moins désignent le lieu » dans lequel (1) s'assem- » blèrent en partie ceux qui » causèrent les émeutes du » mois de mai, si on ne l'at- » tribue à l'ascendant qu'a » un fameux clubiste qui » l'obsède ».

Il est encore question ici

____

(1) » Ce fait est prouvé par les délibérations des témoins 8e & » 43e, au procès-verbal du 3 mai. »

55

Adresse.

Réponse.

de ce procès-verbal : on voit quelle confiance il mérite, puisque ses auteurs ne craignent pas de hasarder l'inculpation la plus grave contre un magistrat, en la fondant sur une opinion qui n'est pas même arrêtée dans leur esprit. Au reste, le jardin du procureur du roi, dont il est parlé dans ce paragraphe, n'est pas à lui, & il ne le garde point pour son amusement ; il est loué, depuis le 14 mai 1789, à la demoiselle Lafitte, épouse du sieur Cruvillier, lequel a pu le sous-louer à une société de jeunes gens, qui peuvent bien en être sortis sans dessein, au bruit de l'émeute, dont le lieu étoit voisin de ce jardin (1).

On sait qu'à cette époque la vigilance active du maire & des officiers municipaux, rendit inutiles les efforts des malveillans, & parvint à rapprocher, par une heureuse

Les membres du club le diront hautement ; ils ne purent, en effet, être contens de cette *réunion subite*, & tous les citoyens honnêtes sentirent bien que ce feu

____

(1) Il a été remis devers le greffe le   mai, la police d'arrentement de ce jardin, en date du. . . . .

Adreſſe.

réconciliation , les parties oppoſées (1).

Les ſeuls membres du club ne purent (2) diſſimuler le mécontentement que leur cauſa cette *réunion ſubite.* Inſtruits du verbal dreſſé par les officiers municipaux , & des déclarations multipliées qui mettoient leur complot à découvert, ils s'aſſemblèrent & réſolurent de dénoncer à l'aſſemblée nationale la conduite des magiſtrats, dont la prévoyante fermeté avoit fait avorter leur deſſein favori, de dominer, par la terreur, dans les aſſemblées primaires, qui devoient avoir lieu peu de jours après.

––––––––––––––––––

(1) *Vide* l'expoſé-ſommaire des évènemens arrivés les 2, 3 & 4 mai, joint à la préſente adreſſe.

(2) On remarque que leurs maiſons ne furent pas illuminées, malgré la proclamation faite à la demande de tous les citoyens.

Réponſe.

n'étoit qu'aſſoupi, & ne pouvoit être éteint.

Qu'entendent les officiers municipaux par cette heureuſe réconciliation des parties oppoſées ? Ces parties, en effet très-oppoſées , ne furent point réunies : quelques ſoldats du régiment de Guienne , égarés ſur la vérité des inculpations faites à leurs camarades , crurent pouvoir pardonner à leurs adverſaires : les citoyens entr'eux ne furent point mis d'accord , & l'on ne chercha qu'à renforcer le parti des malveillans par les ſoldats de Guienne. Il eſt vrai que ceux-ci ne tardèrent pas à voir que *les plaintes portées contre leurs camarades* étoient ſans fondement, & ils en furent d'autant plus irrités contre ceux qui les avoient trompés. Le miniſtre de la guerre, le colonel du régiment de Guienne, ont rendu une juſtice éclatante aux bas-officiers, qu'on avoit fauſſement inculpés, & le jour qu'ils ſortirent de priſon fut un jour d'alégreſſe pour tous leurs

Adreſſe. *Réponſe.*

camarades ; c'eſt donc parce que le club des amis de la conſtitution étoit clairvoyant & ferme dans ſes principes, qu'il eut le courage de ne pas interrompre le mémoire par lequel il dénonçoit à l'aſſemblée nationale la conduite de la municipalité, & il ne fut pas plus arrêté par l'hypocriſie de cette réconciliation prétendue, qu'il ne l'avoit été précédemment par les menaces dont on avoit voulu l'effrayer.

Le témoignage éclatant de l'alégreſſe publique & de la reconnoiſſance des citoyens envers les officiers municipaux, ne fit qu'accroître les reſſentimens des prétendus amis de la conſtitution. Ils préparèrent, dans le ſilence, des moyens de maîtriſer l'aſſemblée électorale, & leur unique eſpoir fut de ſe dédommager dans la formation du département & du diſtrict, la prépondérance qu'ils n'avoient pu obtenir lors de l'élection des officiers municipaux.

Les officiers municipaux ont raiſon ; l'unique eſpoir des bons citoyens étoit de voir nommer le département & le diſtrict d'une manière qui pût aſſurer le repos de ces contrées. Ils ſe préparèrent ouvertement, non pas à maîtriſer l'aſſemblée électorale, (nous ne redirons pas ici combien eſt indécente une pareille inculpation) mais à faire connoître à MM. les électeurs les détails de la conduite qu'il avoit cru devoir tenir dans ces circonſtances délicates. Il eut la ſatisfaction de réunir l'appro-

Adresse.

Pour parvenir à ces fins, ils conçurent le projet de les fatiguer chaque jour par de nouvelles pétitions, de les diftraire de leurs importans travaux par des entreprifes repréhenfibles, de les défunir, s'il étoit poffible, & de les éloigner de la maifon commune. Les cruels évènemens du mois de juin, combinés d'avance, fervirent parfaitement leur haine contre une municipalité dont l'afpect les importunoit, & qu'ils avoient fait vœu d'anéantir par toutes fortes de moyens.

Réponfe.

bation du plus grand nombre d'entre eux.

Nous voudrions n'avoir à accufer les officiers municipaux, que d'erreur dans ce paragraphe : mais ils favent, comme tous les habitans du département du Gard, que les amis de la conftitution ne furent pas long-temps inquiets fur le réfultat de l'affemblée électorale ; fon verbal l'attefte : elle étoit compofée de 505 électeurs, & dès les premiers choix, on vit le parti patriote l'emporter fur l'autre par une majorité de 360 voix environ, contre 140 : le préfident, le fecrétaire, les fcrutateurs, enfin les membres de l'adminiftration furent fucceffivement nommés parmi les perfonnes les plus diftinguées par leurs lumières & leur patriotifme. Qui pourra croire que le club, qu'on ofe accufer d'avoir dicté un choix que l'opinion publique feule indiquoit ; qui croira que le club & les malveillans prétendus qu'il renferme, aient cherché les premiers à troubler la paix publique, dans un moment où, ſans peine & ſans danger, ils voyoient le choix de l'aſſemblée électorale ſe réunir ſur toutes les perſonnes que lui-même auroit choiſies? & l'Aſſemblée nationale peut juger par les opérations du corps adminiſtratif du département, ſi les ſujets qui le compoſent ſont éloignés de la confiance de leurs commettans. Si nous voulions récriminer, nous pourrions ici, avec bien plus de fondement que les officiers municipaux, nous écrier: *Que ne peuvent l'intrigue, la vengeance & l'ambition réunies!* Les attroupemens qui, le dimanche 13 juin, eurent lieu à la même heure devant la citadelle, entre les deux cours, près des caſernes, à la porte des Carmes, à l'évêché, aux récollets, pendant que les membres du club étoient réunis paiſiblement avec un grand nombre d'électeurs & de perſonnes de l'un & de l'autre ſexe; ces mouvemens violens & COMBINÉS D'A-VANCE, n'annoncent-ils pas

Adreſſe.

Réponſe.

En effet, dès le 13 au foir, c'eſt - à - dire, dès le commencement de la rixe furvenue entre quelques légionnaires, les officiers municipaux furent profcrits & pourfuivis : ils n'échappèrent à la mort que par des hafards miraculeux. On les empêcha de fe réunir pour concerter leurs opérations ; on fit éprouver les plus affreux traitemens à ceux qui, après la fortie de leurs collègues, étoient demeurés dans la maifon commune, pour la vérification des comptes,

la haine d'un parti déçu contre une affemblée électorale *qui l'importunoit, & qu'il avoit fait vœu d'anéantir par* toutes fortes de moyens ?

Il eſt abfolument faux que les officiers municipaux aient été profcrits & pourfuivis. Le 13 au foir tous les bons citoyens cherchoient à fe mettre fous leur protection. M. de Saint-Pons, commandant de la légion, à la tête d'un détachement de la compagnie de garde, en rencontra deux qu'il engagea à fe rendre avec lui fur le lieu où avoit commencé la rixe.

Le même M. de St.-Pons avoit rencontré, quelques inftans auparavant, le procureur de la commune, & l'avoit vivement follicité de fe rendre à l'hôtel - de - ville ; mais après y être arrivé, celui-ci en difparut fans avoir donné les ordres néceffaires (1).

Leur réunion n'a pas été impoffible, puifque les commiffaires du roi fe concertè-

____

(1) *Vide* les dépofitions des 5, 11, 53, 63, 70, 116, 152 & 153e témoins de l'information.

Adreſſe.   *Réponſe.*

L'un (1) d'entre eux, miniſtre des autels, fut contraint, par une foule de volontaires, de publier ſeul la loi martiale. Le drapeau fatal eſt mis entre ſes mains ; on le force de le porter lui-même ; on l'inſulte, on le frappe, on l'excède de coups au point de lui faire vomir le ſang. L'autre (2), traîné dans les rues comme un criminel, eſt menacé, maltraité. Un des gardes nationaux, touché de ſon ſort, pare, heureuſement pour lui, pluſieurs coups de ſabres & de baïonnettes qui lui ſont portés (3). Celui-ci doit la vie à la maréchauſſée, qui vint à ſon ſecours (4) : celui-là reçoit ſur la main un coup de ſabre, dont il ſera peut-être eſtropié toute ſa vie. Un autre (5) eſt ſur le point

rent avec eux à l'hôtel-de-ville.

Les officiers municipaux ne craignent pas de convenir que l'un d'entre eux, l'abbé de Belmont, fut contraint, par une foule de volontaires, de publier ſeul la loi martiale. Mais ceux qui le contraignirent à faire cette publication, deſiroient donc le rétabliſſement de l'ordre ?

Comment concilier les inculpations contre les citoyens, avec ce zèle qu'ils mirent à réclamer la loi martiale ? Les moteurs des déſordres intéreſſés à le propager, auroient-ils imploré des magiſtrats pour en arrêter l'effet ?

Pourquoi l'abbé de Belmont ne s'empreſſoit-il pas de prévenir le vœu des citoyens ? Les circonſtances n'étoient-elles pas aſſez urgentes ? Déja l'on avoit vu

---

(1) L'abbé de Bellemont, vicaire-général & chanoine de Nîmes.
(2) M. Ferrand de Miſſol, ancien magiſtrat.
(3) M. Pontier.
(4) M. Laurens, avocat.
(5) M. Aigon, négociant.

Adresse.

de subir le dernier supplice dans l'hôtel-de-ville. (1) Le procureur de la commune échappe à mille dangers, & voit plusieurs fois le poignard levé sur son sein. Son substitut (2), jaloux de le remplacer, est poursuivi pendant plusieurs jours; il essuie huit coups de fusils à diverses reprises; il tombe au milieu des cadavres, & ne doit son salut qu'à cette heureuse chute. *M. de la Baulme*, portant des paroles de paix aux étrangers arrivés en foule à l'esplanade, est chargé d'imprécations; les sabres & les baïonnettes sont tournées contre lui, & il ne peut se sauver qu'en rejoignant un collègue (3), qu'on s'efforçoit de séparer de lui. *M. Duroure* voulant s'opposer au pillage du collége, & protéger les jours du recteur, est sur le point d'être assassiné : il ne cesse d'essuyer les menaces d'un lé-

Réponse.

plusieurs citoyens impitoyablement égorgés. Le sieur Jalabert avoit été assassiné dans sa propre maison; le sieur Astruc, vieillard de 70 ans, passant près la porte des Carmes paisiblement & sans armes, avoit reçu la mort; d'autres citoyens avoient été poursuivis & atteints. Falloit-il attendre de nouveaux malheurs? Pourquoi M. l'abbé de Belmont se refusoit-il à marcher? Faut-il le dire? Les révoltés étoient les volontaires des compagnies de Froment, de Folacher, de Descombiés & autres. On a assez vu les liaisons intimes de ces chefs avec la municipalité. Les officiers municipaux gardent le silence le plus absolu sur l'enlèvement du drapeau rouge; ils ne disent pas que la troupe qui l'escortoit fut assaillie par les gens à houpe rouge; que ce furent ceux-ci qui enlevèrent ce drapeau, & un second porté ensuite

---

(1) M. Vidal.
(2) M. Boyer.
(3) M. Vincent Valz.

43

Adresse.   *Réponse.*

gionnaire, qui lui vante *la beauté & la bonté de son sabre, bien propre à faire sauter des têtes.* On massacre sous ses yeux, six infortunés, & ses instantes sollicitations ne purent leur épargner la mort. En un mot, toute la municipalité court les plus grands risques pendant cinq jours (1). Plusieurs de ses membres ne trouvent point d'asyle, on va les chercher jusques dans leurs propres foyers, & l'on menace du pillage ceux qui pourroient vouloir les soustraire à la fureur de leurs ennemis. Ainsi s'exécuta le projet depuis long-temps arrêté, de disperser le corps municipal, pour s'emparer de son autorité & des rênes de l'administration.

On force les officiers municipaux à faire des réquisitions à chaque instant ; on

par MM. Ferrand de Missol & Pontier. Un procès-verbal dressé par eux-mêmes, nous fournit la preuve de ces faits, & on les trouve sous le n°. 14 des pièces justificatives (a). Ceux qui enlevoient les drapeaux rouges, ceux qui attaquoient les troupes qui les suivoient, sont-ils aux yeux de la municipalité les amis de la paix ? & peut - on s'étonner que ces forcenés se soient peut être livrés vis-à-vis M. l'abbé de Belmont à des excès qui augmentèrent dans ce moment l'effroi des bons citoyens qui l'accompagnoient ? Les dangers qu'avoit courus l'abbé de Belmont, furent les mêmes que courut ensuite M. Ferrand, lorsqu'on enleva entre ses mains le second drapeau rouge.

Lorsque M. Laurent reçut un léger coup de sabre sur la main, ce fut en détournant

---

(1) Tous ces faits sont consignés dans les verbaux adressés à l'Assemblée Nationale.... Voilà pourtant les officiers municipaux qu'on a taxé de foiblesse & de pusillanimité.

(a) Les deux drapeaux rouges furent trouvés chez Froment. Voyez la déposition de Descombiés.

les conſigne dans la maiſon commune ; on leur promet que s'il ſurvient de nouveaux troubles, ils ſeront *mis en avant,* & ſeront les premières victimes : on aſſaſſine leurs concitoyens ſur les plus légers prétextes ; on en immole juſques dans les ſalles où ils ſont aſſemblés ; on en déſarme à leurs noms ; on en précipite un grand nombre dans les cachots ; la raiſon a beau crier qu'il n'y a point de criminels, la vengeance veut des victimes. Que de maſſacres, que de pillages, que d'atrocités (1) ils virent commettre ſans pouvoir les empêcher !

____

(1) Ces atrocités ſont détaillées dans le tableau imprimé à la ſuite du mémoite juſtificatif pour la municipalité de Nîmes.

un coup qui étoit dirigé contre M. Paris, officier des dragons nationaux, par un homme portant une houpe rouge : il fit un acte d'humanité qui mérite des éloges : mais il y a une mauvaiſe foi évidente à vouloir tirer parti de cet accident, pour faire ſuppoſer que des patriotes en vouloient aux jours d'un officier municipal.

Enfin, ſi les ſieurs Vidal, Boyer, Pontier, Duroure & de la Baulme, ont couru des dangers, il ne faut point affecter de les énumérer comme ſe rapportant à la ſoirée du 13. Ce fut dans les trois jours qui la ſuivirent, dans ces évènemens où tous les eſprits aigris, égarés en quelque ſorte par la fureur & la vengeance, ne pouvoient ſe rappeler qu'avec déſeſpoir, en rencontrant les officiers municipaux, qu'il n'eût tenu qu'à eux de prévenir tout le mal. Ils ont couru des dangers, comme en couroient tous les citoyens ; & certes, on ne s'étonnera pas, en réflé-

45

Réponse.

chiffant aux devoirs des magiftrats du peuple, dans des momens d'émeute. Leurs devoirs les appellent aux lieux les plus dangereux. C'eft ce pénible devoir qui, lorfqu'il a été bien rempli, leur vaut enfuite, pour récompenfe, la vénération & la reconnoiffance de tous les gens de bien : mais ce qu'on ne peut voir fans indignation, en lifant ce paragraphe, c'eft qu'après avoir eu la mauvaife foi de confondre ainfi les temps & les perfonnes, l'ame des officiers municipaux n'ait pas été preffée du befoin de fatisfaire à la reconnoiffance, en faifant connoître les perfonnes qui, dans ces momens affreux, ont eu le noble courage de partager leurs dangers, & d'éloigner d'eux la vengeance d'un peuple exalté.

Que M. Ferrand fe fouvienne de M. Jean André; M. Fornier, de M. Blanc-Pafcal; M. de Labaulme, de M. Chabaud; M. Vidal, de M. Ribot.

Que M. Boyer fe fouvienne de M. Boyer Devillas & de M. Tur : que M. Gas, M. Gaillard, officiers-municipaux parlent (1), & qu'on fe faffe, s'il fe peut, une idée

---

, (1) M. Ribot conduifant une patrouille, trouva le mardi 15 juin, M. Vidal, procureur de la commune, & M. Laurent, officier municipal, déguifés chez le nommé Gas, tavernier, où fe réuniffoient les gens à houpe rouge. M. Ribot les fauva de la fureur du peuple ; & comme ces municipaux étoient électeurs, il les conduifit à l'affemblée électorale, à laquelle il les confia (1).

M. Labaulme, après la nuit affreufe du dimanche au lundi, parloit aux troupes raffemblées, qui, à fa préfence, n'écoutoient que leur indignation & leur défefpoir. M. Pierre Chabanel calme tous ces volontaires, & s'expofe à tout leur reffentiment, pour embraffer la défenfe du magiftrat, dont il préferve la perfonne de toute infulte.

(1) C'eft pourtant ce même M. Ribot qui eft calomnié avec ingratitude dans les mémoires des municipaux. (*Note des éditeurs.*)

Réponse.

de l'indignation qu'éprouvent des ames généreuses à voir présenter insidieusement comme perturbateurs du repos public, des personnes qui, après avoir travaillé de toutes leurs forces au maintien de la paix, ont encore exposé leur vie pour protéger celle de leurs plus cruels adversaires.

Qui ne sait que dans une émeute horrible, qui a duré quatre jours, on s'est livré aux plus criminels excès ? Quel homme osera répondre de contenir & de maîtriser une foule ignorante qu'on a livrée au désespoir ? La raison, dans un pareil moment, peut-elle se faire entendre de la multitude ? La municipalité de Nîmes annonce, par une note, le détail imprimé de ces atrocités : nous n'y apprendrons rien que l'histoire trop connue des passions des hommes. Ce ne sont pas les criminels & effrayans effets de ces passions, qu'il importe de connoître, ce sont les causes plus criminelles encore qui les ont produites, Qu'on se rappelle toutes les manœuvres qui ont été dénoncées au comité des recherches, depuis le mois de novembre dernier, & l'on verra par qui ces malheurs ont été préparés (1).

Note des éditeurs.

(1) La municipalité a fait répandre, à Paris, ces criminels DÉTAILS, où les gens clairvoyans ont découvert ses coupables intentions, où les habitans du département verront ses calomnies : elle les a intitulés : *Détails circonstanciés des massacres commis à Nîmes par les protestans, sur les catholiques.*

Voilà donc la municipalité démasquée ; car si les massacres n'ont pas été commis par les protestans de Nîmes, sur les catholiques, mais par les patriotes de tout le pays, sur les anti-patriotes de Nîmes seul, par les bons citoyens sur les ligueurs, par les cocardes nationales sur les houppes rouges, jadis cocardes blanches ; si le parti vaincu a été celui qui, depuis six mois, s'étoit séparé avec de

Réponse.

Nous ne pouvons paſſer ſous ſilence une phraſe de ce
paragraphe : *Ainſi*, diſent les officiers municipaux ,

ſignes de contre-révolution , ça été une triſte victoire des amis de
la révolution ſur les ennemis.

On ne peut pas relever , dans une note , tous les menſonges de
ce libelle ſigné ; on ſe contentera d'obſerver que le menſonge do-
minant eſt démenti par les faits. Les ligueurs qui vouloient abſolument une guerre de religion , trouvent des avocats dans les municipaux , qui ſoutiennent , qui répètent , qui rediſent que les proteſtans ont maſſacré les catholiques , que les proteſtans des environs s'étoient réunis pour cela , que les proteſtans ont tout fait,
comme s'il n'y avoit qu'eux de patriotes !

Hé bien , il faut qu'on apprenne à Paris , ce que ſavent les habitans du pays , que les catholiques du Languedoc ſont auſſi bons
patriotes que ceux du reſte du royaume.

Que les ligueurs étoient une bande de furieux , ſoudoyés par
leurs chefs , qui ne formoient qu'une petite partie des habitans de
Nîmes , mais que leurs armes & la protection de la municipalité
rendoient audacieux & entreprenans.

Que le club , qui a ſauvé la ville par ſa fermeté , eſt compoſé de
tous les citoyens riches ou aiſés , qui , en veillant à la choſe publique , veilloient auſſi à la conſervation de leurs maiſons & de
leur fortune.

Que ce club eſt mixte , c'eſt-à-dire , compoſé de catholiques &
de proteſtans.

Que la garde nationale eſt mixte ; que tout ce qui compoſe des
ſociétés dans ce pays-là eſt mixte ; que l'état-major des gardes nationales eſt catholique.

Que les gardes nationales qui vinrent au ſecours des patriotes
maſſacres , étoient mixtes , & que pluſieurs d'entre elles furent
conduites par leurs curés ; *M. Solier*, prieur de Colognac ; *M. Bre-
mond*, curé d'Anduſe ; *M. Boulet*, curé de Puechredon ; *M. Cha-
bert*, curé de Boiſſière , & pluſieurs autres.

Que les municipalités de Beaucaire & d'Arles , qui offrirent des
ſecours aux patriotes opprimés , ſont entièrement catholiques ; que
des villes catholiques de Provence , qui ſe réunirent pour offrir
leurs ſervices aux patriotes vexés , ſont toutes catholiques.

Que les principaux habitans du pays qui inculpent la municipa-

Réponse.

s'exécuta le projet depuis long-tems arrêté de disperser le corps municipal pour s'emparer de son autorité & des rênes de l'administration. Rien affurément n'eft moins prouvé qu'un pareil projet, & qu'il nous foit permis de relever une feconde abfurdité remarquable. D'abord, 1°. comment, en difperfant le corps municipal, s'empare-t-on de fon autorité ? Ne diroit-on pas que les fonctions municipales font au premier occupant ? 2°. La municipalité exerce encore fes fonctions, & n'a pas affez perdu de fa force pour qu'elle ne puiffe encore inquiéter beaucoup les citoyens.

S'il étoit vrai que le but de ce qu'elle appelle les malveillans eût été de s'emparer des rênes de l'adminiftration, pourquoi les auroient-ils laiffées jufqu'à ce jour dans leurs mains ?

Adreffe.	*Réponse.*
Des églifes, des couvens, des maifons font livrées au pillage, faccagées, détruites,	Nous oppoferons la vérité, la nature des faits, & le calme de la réflexion à ce

---

lité, font catholiques ; le procureur du roi, qui a demandé l'information, & les juges qui l'ont reçue ; que les électeurs du département qui ont blâmé fes manœuvres, les directoires qui les ont dénoncées, font mixtes ; qu'on voit, d'un côté, tout un département qui fe plaint ; & de l'autre, les houpes rouges, & la municipalité qui les juftifie.

Enfin, qu'il eft conftant, dans le pays, que les vengeances exercées fur les ligueurs le furent autant par les catholiques, que par les proteftans.

La municipalité, qui s'enveloppe d'un grand menfonge cent fois reproduit, ne veut donc que tromper, féduire, fe maintenir, & recommencer. Elle fe fait illufion : les guerres de religion font déformais impoffibles ; mais il faut punir ceux qui les provoquent.

&

Adresse.

& les maisons pillées n'appartiennent qu'à des catholiques! Cette remarque ne fait point ouvrir les yeux : on avoit eu la perfide précaution de publier que les citoyens proscrits étoient anti-patriotes, contre lesquels les amis de la liberté ne pouvoient trop rigoureusement sévir.

Les brigands qui avoient suivi les troupes nationales, connurent vraisemblablement tous ces désordres, & furent dirigés par des hommes qui n'échapperont pas, sans doute, à la rigueur des lois. La plupart des gardes nationaux étrangers, maintenant détrompés, voient avec une profonde douleur que leur présence a pu autoriser ces crimes prémédités, & ils s'apperçoivent, mais trop tard, que la proscription n'a enveloppé que ceux dont le sacrifice étoit réservé pour ces jours de vengeance ; que ceux qui avoient déposé sur les émeutes du mois de mai ; que ceux qu'on avoit intérêt de détruire pour faire perdre la

Réponse du club de Nîmes.

Réponse.

paragraphe incendiaire des officiers municipaux qui appellent le fanatisme à leur secours; ils veulent montrer la religion catholique outragée dans ses temples , & dans les personnes de ses ministres & des citoyens. Ils ne rougissent pas de proférer, dans une note, ces mots : Les capitaines des compagnies catholiques, & il ne manquoit que ces insinuations perfides, pour consommer cet ouvrage de la calomnie.

Aucune église ni couvent n'a été pillé, saccagé ni détruit. Tous les curés, supérieurs & supérieures des maisons religieuses l'ont attesté dans des certificats qu'ils ont donnés ; d'autres ont certifié avoir été reçus chez des protestans comme chez leurs frères. Il s'est commis quelques dégradations dans des couvens ; mais n'a-t-on pas provoqué ces désordres ? Cette fusillade qui partit des capucins & qui tua le maire de Saint-Côme, ces fameuses tours, que le canon seul put rendre accessibles , placées entre le collége & le cou-

D

trace d'un procès trop fameux; que ceux qu'il falloit éloigner pour s'arroger tous les pouvoirs ; que ceux, enfin, qu'on devoit disperser pour maîtriser les élections du département & du district. Telles sont les causes uniques du massacre du mois de juin. L'anti-patriotisme en fut le prétexte ; le desir de dominer, le motif ; & la calomnie & le crime, les moyens dont on se servit pour parvenir à ces fins détestables.

vent des Dominicains, où les aggresseurs se refugièrent, n'étoient-ce pas des pièges pour attirer, auprès des lieux saints ou dans des maisons de piété, des hommes égarés par le désespoir ? Tous les couvens éloignés des lieux des combats, n'ont-ils pas joui de la plus parfaite tranquillité ? L'abbé Cabanel, les Fromens n'avoient-ils pas assez irrité les esprits, comme anti-patriotes déclarés, comme chefs d'un parti funeste, pour que le pillage de leur maison soit plutôt regardé comme une vengeance publique que comme un acte de fanatisme ?

Mais les officiers municipaux chargent ce tableau désastreux. Tout leur écrit ne contient que des rapprochemens perfides, que des insinuations funestes, & éloigne avec soin tout ce qui peut éclairer l'opinion. Il faut donc leur rappeler, puisqu'ils parlent des compagnies catholiques, l'histoire de ces mêmes compagnies, qu'ils feignent d'ignorer, & dire, comment il arrive que des catholiques semblent les opprimer.

A l'institution des gardes nationales, les compagnies de celle de Nîmes étoient composées en nombre à-peu-près égal de catholiques & de protestans. Trois mois s'écoulèrent dans cette union, qui confondoit leur sort & leurs intérêts, sans aucune distinction d'opinion.

Froment (1) fut le premier qui, aidé de quelques ec-

____

(1) Il est aujourd'hui refugié à Turin. *A Turin !*

cléfiaftiques, ofa former & exécuter le projet de levet de nouvelles compagnies, toutes compofées de catholiques. Leur admiffion dans la garde nationale fut marquée par un acte de violence fur le confeil permanent & devint la fource de nos malheurs. Ces compagnies furent dès-lors le point de ralliement des ennemis de la paix & des fanatiques. La multitude diftingua, pour la première fois, les citoyens d'un culte différent. Les réglemens de la garde nationale portoient que les officiers feroient renouvelés tous les mois; on profita de ce renouvellement pour mettre à la tête de certaines compagnies les perfonnes les plus connues par des fentimens anti-patriotiques, on dégoûta les proteftans, on féduifit des catholiques qui avoient des proteftans pour capitaines, & la garde nationale fe divifa alors fur les intérêts de l'état comme elle tendoit à fe divifer pour les opinions religieufes. Le réglement provifoire de la municipalité vint achever le mal, en autorifant cette efpèce de féparation, par le paffage des volontaires d'une compagnie dans d'autres. Les fanatiques avoient commencé: bien des gens honnêtes, mais faciles, crédules & égarés fur les principes qui les animoient, imitèrent leur exemple, & l'on vit enfin une milice catholique contre une autre milice où les proteftans étoient les plus nombreux, parce qu'il n'étoit refté avec eux que ceux qui, par la fermeté de leurs principes & de leur caractère, étoient inacceffibles à la féduction. Cette première milice commença l'attaque; & parce que les projets de ceux qui l'excitoient ont été renverfés, parce qu'elle a été repouffée, on veut que la religion foit bleffée & que fa fainteté foit attaquée dans une défenfe légitime: nous en appelons à vous catholiques, auffi attachés à votre religion qu'à la liberté, vous qui avez combattu pour elle, en gémiffant fur l'erreur de ceux qu'on avoit égarés. Nous en appelons à vous, membres catholiques du corps adminiftratif, de la garde nationale, parlez, démentez les

D 2

Réponse.

insinuations perfides des officiers municipaux qui voudroient prolonger le désordre.

Dites hautement que les premières places des corps administratifs & de la garde nationale, sont occupées par des catholiques, & déclarez si le fanatisme, *le désir de dominer*, & les projets criminels, ont dirigé le parti vainqueur.

Les mêmes principes dirigeront, sans doute, le choix des juges, dont les élections sont très-prochaines, & il n'est pas inutile d'observer que les officiers municipaux ont attendu ce moment pour répandre leur adresse incendiaire.

Ici se rapporte au paragraphe que nous venons de réfuter, une note qu'il est précieux de joindre à l'examen du mémoire de la municipalité, la voici :

Adresse.	*Réponse.*
Les capitaines des compagnies catholiques, qu'on a représentés dans toute la France comme des anti-patriotes, s'étoient empressés, dès le 14 avril, de venir consigner dans les registres de l'hôtel-de-ville, *qu'ils adhéroient de cœur & d'ame à toutes les fédérations qui auroient pour objet de maintenir la constitution sanctionnée par sa majesté ; de faire exécuter les décrets des représentans de la nation ; d'assurer la perception des*	Ces capitaines, que la municipalité appelle catholiques, dont elle défend les principes & le patriotisme, qu'elle prend ainsi sous sa protection, ont en effet consigné, le 14 avril, dans les registres de l'hôtel-de-ville la phrase ci-contre. Mais que dira-t-on quand on trouvera dans ces signatures les noms de MM. Michel, Vigne, Folacher, Robin, Froment, Vellut, Melquiond, qui, le 20 avril, c'est-à-dire, six jours après, furent tous commis-

53

| *Adresse.* | *Réponse.* |

Adresse.

*impôts ; de réprimer les per-
turbateurs du repos public ;
& pour tout dire en un mot,
de donner à toutes les circonstances des preuves non
équivoques du patriotisme le
plus pur & de leur amour inal-
térable pour le meilleur des
rois.*

Ainsi donc, d'après le
refus du procureur du roi
de faire entendre les témoins
indiqués par les représentans
de la commune ; d'après la
partialité qu'il a montrée dans
cette procédure ; d'après les
assassinats & les proscriptions
qui ont eu lieu contre ceux
qui avoient fait connoître les
auteurs des troubles du mois
de mai ; d'après les excès
récemment commis contre

Réponse.

faires de la fameuse délibération des Pénitens, & qui,
comme tels, ont été mandés
à la barre de l'Assemblée
nationale : & quand on saura
que la plupart des noms
réunis aux leurs dans l'acte
fait à l'hôtel-de-ville, sont
ceux des frères, fils & gendres,
parens ou amis de tous les
membres du conseil de la
commune ? Il est permis,
d'après ce rapprochement,
de fixer son opinion sur ce
que le corps municipal de
Nîmes appelle du patrio-
tisme : on trouvera sous le
n°. 15 des pièces justificatives la liste de la plupart de
ces capitaines catholiques.

Toujours de fausses allé-
gations, toujours des inculpations odieuses : magistrats,
témoins, citoyens, tout est
corrompu dans notre ville :
la peur, les promesses, les
menaces, la séduction, tout
semble mis en usage pour
arracher des dépositions aux
témoins, ou des actes aux
Magistrats ; les seuls officiers
municipaux sont au-dessus
des passions & des préjugés.
Cependant près de 200 té-

Adreſſe.

MM. _Deſcombiés_ & _Vigne_, détenus priſonniers ; d'après l'inquiſition exercée à Nîmes contre tout ce qui n'eſt pas dévoué au club, il eſt bien évident qu'il eſt impoſſible de rien ſtatuer ſur l'information faite dans cette ville.

D'ailleurs l'eſprit de parti qui a déſigné les témoins, l'eſprit de prévention ou de crainte qui a dirigé les magiſtrats, & ſur-tout la néceſſité que tout témoin puiſſe dépoſer avec ſureté pour ſa perſonne, exigent que l'information ſoit recommencée dans une ville, ſi l'on veut, peu éloignée de Nîmes, mais hors de ſon département, & dont les habitans & les gardes nationales aient donné l'exemple de la plus parfaite impartialité.

Réponſe.

moins ont dépoſé, il en reſte encore autant qui n'ont pas été entendus, & qui, dévoués à la vérité, la porteront, s'il le faut, devant d'autres tribunaux. Un réſumé de la procédure ſous le n°. 16 des pièces juſtificatives peut inſtruire de ce qu'on a déja découvert.

Nous ne pouſſerons pas plus loin l'examen des officiers municipaux. Il eſt faux & calomnieux dans tous les points : nous nous diſpenſerons de les ſuivre dans les dernièrespages, où ils étalent tous les lieux communs de l'éloquence. Pour être perſuaſive, elle auroit beſoin d'être fondée ſur des ſentimens plus élevés, & ſur des faits qui ne bleſſaſſent pas à chaque inſtant la vérité.

Il n'eſt peut-être pas inutile de rappeler, avant de finir, à M. Boyer, ſubſtitut du procureur de la commune, une phraſe qu'il a écrite & imprimée en cette qualité dans l'aſſemblée tenue à Nîmes pour la confédération nationale, le 14 juillet 1790, c'eſt-à-dire, un mois après les troubles de Nîmes. Il diſoit à tous les habitans de Nîmes, raſſemblés ſur l'eſplanade :

« Mais, citoyens, que cette fête patriotique ne ſoit

55

Réponse.

» pas troublée par d'affligeans souvenirs de haine ou
» d'inimitié; repoussez-les loin de vous avec générosité,
» & souvenez-vous désormais que vous êtes trop grands
» pour ne pas vous élever au dessus de ces foibleſſes hu-
» maines.

» Plaignez ceux qui, par un déplorable aveuglement,
» n'ont pas craint de lutter contre les loix, ET QUE LEUR
» CHUTE MÉRITÉE ne vous faſſe point oublier qu'un
» VÉRITABLE REPENTIR peut les faire redevenir vos
» frères.

» Croyez que le ſpectacle touchant de votre fédéra-
» tion les contraindra de rentrer en eux-mêmes; croyez
» qu'il les forcera d'abjurer de TROP FATALES ERREURS,
» & croyez qu'ils viendront bientôt ſe purifier au feu
» de votre civiſme.

» Vous les aimerez alors, citoyens, & vous leur déclare-
» rez, au nom de la patrie, que vous les regarderez comme
» vos frères; & ils jureront de ſe joindre à vous par la
» plus indiſſoluble union, pour adhérer à tous les décrets
» de l'auguſte diète qui vient de régénérer l'empire, &
» ils jureront de ſoutenir avec vous, juſqu'à la dernière
» goutte de leur ſang, la conſtitution décrétée par l'Aſſem-
» blée nationale & ſanctionnée par le roi.

» *Tels ſont les vœux ardens que nous formons.*

Nous demandons à M. Boyer, à qui peuvent s'appli-
quer ces mots de *chûte méritée*, de *véritable repentir*. Ce
n'étoit pas ſans doute à ceux qui venoient de ſortir d'une
lutte, à la vérité pénible, mais victorieuse. Ce n'étoit
pas à ceux qui, bien éloignés d'être dans le cas de ſe repentir, juroient ce jour-là ſur l'autel de la patrie de vivre
& mourir pour la conſtitution, dont ils venoient de
combattre les ennemis.

C'eſt le même M. Boyer, qui eſt l'auteur du mémoire
que nous venons de réfuter; MM. Duroure, Razoux,

56

Réponse.

Ferrand de Miffol, Pontier, Fornier & Grelleau, officiers municipaux, au nom defquels parle M. Boyer, ont
figné avec leurs collègues, une délibération prife, le 13
juillet, par le corps municipal (1), & dans laquelle ils
déclarent qu'ils ne peuvent que louer & approuver le zèle
& le patriotifme que renferme le requifitoire de M. Boyer,
& que les fentimens qui y font imprimés font communs
à tous les membres de la municipalité.

Que penfer de ces officiers municipaux qui fe refpec-
tent affez peu pour ne pas craindre de fe contredire pu-
bliquement jufqu'à ce point?

D'après les faits prouvés, & que nous venons de re-
tracer, nous invoquons la juftice la plus févère de l'affemblée nationale; & defirant l'examen le plus rigoureux
de notre conduite, nous attendons avec courage notre
juftification du jugement qu'elle prononcera dans fa
fageffe.

Signés, Rabaut, junior, *préfident*; D. Germain,
Pierre Frat, Blanc-Pafcal, *fecrétaires*; Simon Pefchaire,
J. B. Michel, J. Alifon, P. G. Million, L. Liénard,
Caftanet, *commiffaires*.

Nota. Les pièces juftificatives énoncées au préfent mémoire feront inceffamment envoyées au comité des recherches, d'une manière probante, à l'exception néan-
moins de celles dont le comité eft déja nanti, & qui for-
ment les nos 2, 9, 10, 13, 14 & 17.

—————

(1) On la trouvera fous le no. 17 des pièces juftificatives.

A PARIS, DE L'IMPRIMERIE NATIONALE. 1790.

PIÈCES JUSTIFICATIVES.

N°. I.

EXTRAIT d'un acte expositif, fait à la requête de M. Blanc-Pascal, secrétaire du Club, à quelques Officiers municipaux.

L'AN mil sept cent quatre-vingt-dix, & le 2 octobre, par nous Charles Martin, &c. soussigné, à la requête du Club des Amis de la Constitution, établi en cette ville de Nîmes, poursuite & diligence de M. Blanc-Pascal, avocat & procureur, l'un des secrétaires du Club, chez lequel domicile est élu, a été exposé à MM. Murjaz, marchand drapier; Vincent Valz, négociant; Gas, marchand de bas; Gaillard, marchand toilier; Lieutier, père, négociant; Laporte, père, menuisier; Aigon, marchand de bois; & Laurens, avocat & procureur, tous officiers municipaux, habitans dudit Nîmes, qu'il a été distribué depuis quelques jours, deux éditions d'une adresse à l'Assemblée nationale, l'une au nom de MM. Duroure, Razoux, Ferrand Demissol, Fornier, Pontier, Grelleau, officiers municipaux, & Boyer, substitut du procureur de la Commune; l'autre au nom de MM. les officiers municipaux de Nîmes. Et comme cette dernière dénomination contient la généralité des officiers municipaux, & qu'il importe au club, qui se trouve atrocement calomnié dans cette adresse, d'avoir connoissance de ceux

Rép. aux Faux-fuyans de Nîmes.   A

qui y ont participé, à l'effet de prendre les voies légales pour faire punir les calomniateurs, en exhibant auxdits officiers municipaux ci-deſſus dénommés, un exemplaire de chaque édition de la ſuſdite adreſſe, les avons ſommés & requis de déclarer en réponſe au préſent acte, & dans le délai de vingt-quatre heures au plus tard, au domicile ci-deſſus indiqué, *s'ils l'avouent ou déſavouent ladite adreſſe, leur proteſtant que leur ſilence, & le défaut de réponſe ſeront pris pour un déſaveu exprès & formel de ladite adreſſe, qu'en conſéquence il ſera tiré de ce déſaveu les inductions de droit*, leur ayant à chacun baillé copie de cet exploit, en parlant pour le ſieur Murjas à lui-même, pour le ſieur Vincent Valz à lui-même, pour le ſieur Gas à lui-même, pour le ſieur Gaillard à lui-même, pour le ſieur Laporte à lui-même, pour le ſieur Aigon à lui-même, & pour le ſieur Laurens à ſon clerc, trouvé en domicile dans l'intervalle du temps requis; en foi de ce, le clerc dudit ſieur Laurens a répondu que celui-ci eſt abſent; que du reſte, il eſt notoire qu'il a donné ſa démiſſion d'officier municipal depuis le 14 juin dernier; que conſéquemment il ne peut avoir aucune part à l'adreſſe dont s'agit : requis de ſigner, a dit n'être néceſſaire, Martin, *ſigné :* contrôlé, Chabaud, *ſigné.*

3

No. II.

TABLEAU

Des impofitions que payent les membres de la municipalité & du confeil-général de la commune, comparé à celui de leur contribution patriotique (1).

NOMS.	SOMME des impositions.			DATE des contributions patriotiques.	SOMME des contributions patriotiques.		
MESSIEURS.	₶	ſ	ð		₶	ſ	ð
Teissier - Marguerittes, *Maire*	1161	7	6	20 décembre. . . .	5000	0	0
OFFICIERS MUNICIPAUX.							
Murjas, pour lui, son frère et sa mère. .	639	0	0	22 mai	504	0	0
La Baulme. . . .	2000	0	0	10 décembre. . .	2161	5	0
Duroure. . . . . }	1063	0	0	{ 31 décemb. 1200 ₶ 28 août sup. 800 }	2000	0	0
Vincent-Valz. . . .	1358	17	0	11 décembre . . .	4500	0	0
Razoux.	322	16	1	27 février. . . .	300	0	0
Ferrand-Missol. . .	148	18	8	30 décembre. . .	1200	0	0
Pontier.	260	5	7	Premier mars . .	1000	0	0
Fornier.	364	18	11	29 décembre. . .	500	0	0
Gas	30	10	0	21 mai	108	0	0
Gaillard	401	14	0	17 mai	1248	0	0
L'Abbé de Belmont .	624	0	0	. . . . .			
Grelleau.	206	0	6	27 avril. . . .	48	0	0
Cabrieres Gardies. .	6	0	0	. . . . .			
Lieutier	285	2	4	17 mai	450	0	0

(1) Les notes relatives à l'impofition ont été prifes pour la plupart dans les regiftres des citoyens actifs tenus dans les Affemblées primaires. Plufieurs membres de la Municipalité payent des impofitions dans d'autres lieux que Nîmes. On obfervera que le plus grand nombre des foufcriptions n'ont été faites qu'après le terme du premier paiement; plufieurs après la nomination de la Municipalité, & quelques-uns même après les troubles du 13 juin.

A 2

4

NOMS.	SOMME des Impositions.			DATE des contributions patriotiques.	SOMME des contributions patriotiques.		
	♯	ſ	ð		♯	ſ	ð
MESSIEURS.							
Laporte et son fils . .	40	7	0	22 mai	18	0	0
Aygon.	114	1	0	30 janvier . . 100 ♯ / 24 sept. sup. . 50 ♯	150	0	0
Laurens	462	0	0	19 avril.	200	0	0
Vidal, *Procureur de la Commune.*	305	4	0	. . . .			
Boyer, *Subſtitut.* . .	177	6	11	12 juin	9	0	0
NOTABLES.							
Deleuse, a refusé. .				. . . .			
Daunant.	872	0	0	17 mai	72	0	0
Ginhoux-St-Vincent.	529	18	0	7 décembre . . .	2200	0	0
Coste, *Avocat,* a refusé				14 mai	120	0	0
De Grossier	56	10	0	16 avril. . . .	475	0	0
Marignan.	640	11	11	26 mai	150	0	0
Bonafoux et son fils .	178	1	0	31 mai	216	0	0
Vincent Bruguier. .	640	15	1	22 janvier. . . .	600	0	0
Chassanis	39	9	0	7 septembre 1790.	18	0	0
Lenoir.	141	19	0	18 février. . . .	750	0	0
Mitier, père . . .	203	0	0	13 avril. . . .	120	0	0
Corraud, a refusé. .	624	19	5	21 février. . . .	400	0	0
Rouviere, aîné. . .	232	0	0	29 mai	200	0	0
Viers.	236	1	0	. . . .			
L'Abbé Cabanel. . .	70	17	6	. . . .			
Donnadille et son fils.	358	4	11	19 avril. . . .	500	0	0
Gevaudan, a refusé .	21	0	0	26 février. . . .	621	5	0
Figon	73	1	1	9 septembre . .	18	0	0
Rey.	405	0	0	17 avril. . . .	600	0	0
Pheline	178	0	0	22 janvier. . .	300	0	0
Descombiés . . .	592	19	4	19 avril. . . .	900	0	0
Castant	261	7	10	19 avril. . . .	216	0	0
Blanc	3	10	0	16 août. . . .	10	0	0
Mercier	44	0	4	21 avril. . . .	36	0	0
Soubeiran	48	2	0	Premier mai. . .	72	0	0
Rigot	104	6	3	22 avril. . . .	36	0	0
Antoine Gilles . .	12	10	0	. . . .			
Baldi, père. . . .	18	16	0	. . . .			
Marcon	31	5	0	22 avril. . . .	150	0	0
L'Abbé Lapierre	402	1	0	. . . .			
L'Abbé Tempié . .	169	5	0	19 avril. . . .	216	0	0
Cambaceres . . .	26	7	0	22 mai	18	0	0
Briat	16	6	0	. . . .			
Chavanier . . .	204	13	0	. . . .			
Durand.	90	13	0	. . . .			
Castinel				. . . .			

5

No. III.

Articles extraits du préambule des réglemens imprimés du club des Amis de la Constitution de Nîmes.

Les établissemens de ce genre seront le plus ferme appui de la révolution. Le club, en raffermissant l'opinion publique, facilitera tous les travaux des corps administratifs ; il sera toujours le premier à donner l'exemple & le signal de l'applaudissement, quand il verra les magistrats du peuple se vouer sans réserve à leurs honorables fonctions. Un rassemblement d'hommes éclairés, honnêtes, fermes, accordera toujours à des administrateurs vertueux la seule récompense dont ils puissent être jaloux.

Les questions qui auront été ou qui devront être soumises au jugement de l'Assemblée nationale, seront examinées & approfondies par des citoyens qu'elles intéressent toutes directement, & les principes des décrets se développeront & s'affermiront ainsi dans tous les esprits.

Des citoyens que leurs travaux, aussi pénibles qu'utiles, éloignent des affaires publiques, seront éclairés & encouragés par l'établissement de ce club, qui répandra gratuitement des instructions parmi cette classe intéressante & nombreuse.

Une correspondance, avec tous les établissemens de ce genre, augmentera les lumières des membres de cette association, & formera une chaîne d'instructions & de patriotisme dans toutes les parties de la France.

Enfin, l'égalité qui régnera parmi les membres du club, & les égards qu'on y aura pour l'âge, les talens & les fervices rendus à la patrie, alimenteront dans l'ame des jeunes gens cette émulation patriotique qu'il eft fi important de fortifier; & l'on verra fortir du fein de ces affemblées des hommes dignes de la confiance de leurs concitoyens, & de courir un jour la carrière que leur ouvrirà le choix libre de leurs compatriotes.

N°. I V.

Pétition préfentée à la municipalité de Nîmes, par le club des Amis de la Conftitution, le 16 avril 1790.

UN grand nombre de citoyens actifs de la ville de Nîmes, amis de la conftitution qu'ils ont jurée de maintenir au péril de leur vie, prêts à donner l'exemple de leur foumiffion aux ordres des corps adminiftratifs lorfqu'ils feront dans l'efprit de la loi, mais prêts auffi à s'oppofer, par toutes les voies légitimes, à tout ce qui pourroit attaquer la conftitution & s'écarter de la lettre des décrets, juftement alarmés des atteintes qui leur ont été portées par le réglement de la municipalité, fur le fait de la légion nîmoife :

Confidérant que les décrets acceptés ou fanctionnés par le roi ne donnent aux municipalités aucune autorité fur le régime des gardes nationales;

Que ces troupes ne font tenues d'obéir que fur les requifitions des corps adminiftratifs pour le maintien de la loi;

Que c'eft aux départemens feuls qu'eft attribué tout ce qui appartient *au fervice & à l'emploi* des gardes nationales, ainfi qu'il fera réglé par des décrets particuliers (1);

Que la municipalité de Nîmes, ne s'appuyant d'aucun décret pour établir fon droit de faire des réglemens pour la légion nîmoife, & de l'y affujétir, femble convenir elle-même de la vérité de ces principes;

Que l'ancien confeil municipal n'a jamais exercé aucune autorité fur la légion;

Que fi un petit nombre de membres de l'ancienne municipalité fut admis, par une élection, dans le confeil permanent, ce fut un hommage rendu à la confidération perfonnelle dont ils jouiffoient;

Qu'on ne fauroit fe diffimuler d'ailleurs que le confeil-général de la commune s'eft méptis fur le véritable objet de l'armement des citoyens;

Qu'ils fe font armés pour le maintien de la tranquillité publique & pour la défenfe des repréfentans de la nation, lorfqu'ils étoient menacés des violences du defpotifme;

Que ces faits font confignés dans la délibération, dans l'adreffe à l'Affemblée nationale, du 20 juillet, & dans la réponfe au parlement de Touloufe, inférés dans les procès-verbaux du confeil permanent;

Que les gardes nationales appartiennent, par les décrets & par leur ferment, non à une municipalité particulière, mais à la nation entière;

Qu'il n'eft permis à aucun corps adminiftratif de les délier de ces obligations, ni de les priver de ces fonctions honorables;

Confidérant encore que fi la municipalité, en réuniffant dans fes mains des pouvoirs incompatibles, a franchi les bornes qui lui font preferites; elle n'a pas moins méconnu peut-être les droits de l'homme & du citoyen en exigeant de la légion, des devoirs qui ne lui font pas impofés par les décrets des légiflateurs;

---

(1) Sect. 3, art. 1, §. 10 des décrets fur l'établiffement des corps adminiftratifs.

8

Que plufieurs articles de fon réglement renferment des difpofitions qui pourroient, en opérant une fciffion, produire un effet contraire au deffein de la municipalité;

Qu'entre autres l'article 5 ajoute à la formule du ferment des conditions qui ne font point prefcrites par la loi;

Que l'article 25 eft deftructeur de toute difcipline & de toute fubordination; qu'il tendroit à faire prévaloir l'avis d'un petit nombre fur les décifions de la majorité;

Et qu'en rompant tous les liens de la fraternité qui attachent les citoyens à la chofe publique, il pourroit livrer fa défenfe à l'ufurpation d'une foible minorité;

Que l'article 28 tend à affoiblir la force publique, en la privant d'un grand nombre de fes foutiens;

Qu'enfin, par l'article 29, un corps adminiftratif, ap avoir, de fa propre autorité, créé des lois pour la légion, s'érige de lui-même en tribunal militaire;

Mais confidérant auffi qu'au moment de l'établiffement d'un nouveau pouvoir, ceux qui en font revêtus peuvent facilement fe méprendre fur l'étendue de leur autorité & fur le fens des décrets dont l'exécution leur eft commife;

Ils viennent avec confiance préfenter au corps municipal une pétition refpectueufe, tendante à ce qu'il foit furfis à l'exécution de fon réglement du 13 avril, jufqu'à ce que l'Affemblée ait prononcé fur fa validité;

Et fi, contre l'attente des citoyens, le confeil-général de la commune perfiftoit à ordonner l'exécution de ce réglement, ces mêmes citoyens fe voient dans la néceffité de protefter & de déclarer que les officiers municipaux demeureront refponfables des événemens.

No. V.

Pétition des citoyens actifs de la ville de Nîmes, présentée à MM. les officiers municipaux, le 27 avril 1790.

M ESSIEURS,

Autorisés par la loi, guidés par l'amour du bien public, nous avons cru satisfaire à l'un de nos devoirs les plus sacrés, en vous communiquant nos inquiétudes sur l'effet de votre réglement pour la légion nîmoise, notre doute sur la légalité de cet acte & notre vœu d'en voir suspendre l'exécution jusqu'à la décision de l'Assemblée nationale. Vous n'avez point eu égard à notre réclamation. Présidés par un membre de l'auguste assemblée qui règle les droits des corps & des citoyens, sans doute vous avez trouvé dans ses lumières une interprétation sûre des décrets : notre attachement à la constitution nous inspiroit la crainte louable de vous voir, par l'ardeur de votre zèle, emportés hors de la sphère de vos pouvoirs ; mais nous trouvons en vous cette sécurité imposante & cette confiance inébranlable que peuvent seules donner la justice & la conviction.

Ce n'est plus aujourd'hui, Messieurs, pour porter vos regards sur les bornes de votre administration. C'est pour les fixer au contraire sur des objets importans que vous ne paroissez pas y avoir aperçus, que nous venons vous présenter cette nouvelle pétition. Elle a pour but de concourir à vos vues pacifiques, en vous mettant à même de les remplir.

Votre délibération du 22 de ce mois, qui défavoue un écrit affligeant pour la ville de Nîmes, nous rend bien recommandables vos principes & vos fentimens. Vous y exprimez l'unanimité de vos vœux pour la paix. Vous vous y livrez à la douce confiance d'en avoir été jufqu'à ce jour les heureux témoins, & les gardiens févères. Eh ! quel bon citoyen ne vous rend pas la juftice que vous méritez ! Nous refpectons les motifs qui vous font récrier auprès de la France entière, & du confeil de la Nation, contre les inculpations dont on charge nos concitoyens. Sans doute c'eft dans l'intérieur d'une famille que doit refter le fecret de fa méfintelligence : mais pour en arrêter le cours, pour en prévenir les effets, il faut que le chef en connoiffe à fond & les détails, & les conféquences.

Convaincus du patriotifme de vos intentions, de la fageffe de vos penfées, comme de l'infuffifance de vos démarches, nous croyons de notre devoir de citoyens de ramener fur des libelles qui infectent nos foyers, votre attention fixée fur une brochure publiée à Paris Les cœurs font divifés, les efprits font aigris, les troubles fe fomentent, & le moment eft arrivé, où nouveaux Villars vous devez faire *jurer vos concitoyens, fur l'autel de la concorde, de vivre en amis & en frères.* Que la voix pacifique de quelque nouveau *Bertrand du Luc* fe faffe entendre, & que miniftre d'un dieu de paix, il calme les craintes d'un peuple alarmé.

Nous portons fous vos yeux une trifte lumière : votre fageffe y verra la loi d'un devoir pénible, fans doute, mais néceffaire, mais indifpenfable.

Plufieurs écrits anonymes que nous mettons fous vos yeux, ayant pour titres : *Pierre Romain aux catholiques de Nîmes ; Charles Sincère à Pierre Romain ; Réponfe à la lettre de M. le duc de Melfort ; Français, réveillez-*

vous ; *Paul Romain à Pierre Romain* , & tant d'autres ; ont annoncé ou fait naître des divisions funestes fondées sur les différences des opinions religieuses, ont cherché à altérer la pureté des principes qui attachent tous les citoyens à la patrie.

Un libelle, intitulé : *Avis important à l'armée françoise*, vient d'être clandestinement répandu parmi les braves soldats du régiment de Guienne, qui l'ont rejeté avec horreur. Production exécrable & insensée qui ne tend pas à moins que de corrompre une armée fidèle, dont le patriotisme éclairé est un des plus fermes appuis de la Constitution, & à tourner contre la Nation même les armes consacrées à sa défense.

Des scènes scandaleuses, des procédures commencées & suivies à la diligence du ministère public, constatent des querelles affligeantes, des attentats prémédités, fruit douloureux de tant d'écrits condamnables.

Une distinction alarmante s'établit entre nos concitoyens ; des qualifications contraires désignent les enfans d'une même patrie, les adorateurs d'un même dieu, des françois & des chrétiens.

Egarés dans leurs principes & dans leurs intentions, quelques légionnaires se permettent de substituer à la cocarde nationale un nouveau signe de ralliement.

Tableau déplorable pour des amis de l'ordre & de la paix, liés à tous leurs concitoyens par les sentimens inaltérables de la plus tendre fraternité, pour de bons patriotes invariablement attachés à la constitution par le serment le plus solennel, soumis aux décrets de l'Assemblée nationale, fidèles à leur Roi, & pénétrés d'amour, d'admiration & de reconnoissance pour ses vertus & ses bienfaits.

Nos principes puisés dans la loi, ne peuvent qu'être applaudis par des administrateurs créés par elle. Vous verrez donc comme nous, Messieurs, avec indignation, qu'un grand nombre de citoyens adoptent fous vos yeux d'autres maximes, les expriment dans des adreffes & cherchent à les propager.

Et puifqu'il en exifte qui méconnoiffent les avantages infinis de la plus belle & de la plus fage de toutes les conftitutions, c'eft à vous à les en convaincre. Vous leur retracerez les heureux changemens qui en font déja le fruit pour tout le peuple françois, & fur-tout pour cette claffe qu'on égare avec tant de facilité, & qu'on éclaire avec tant de peine, même par le bien qu'on lui fait. Vous l'intéreflerez à l'achèvement prochain de la conftitution ;

Vous lui direz que le foldat, devenu citoyen & admiffible à tous les grades, paffe d'une paye infuffifante à un traitement avantageux & juftement mérité ;

Vous lui direz que l'artifan trouve, dans la fuppreffion des droits fur les cuirs, fur le fer, fur l'amidon, fur les huiles & favons, & de tant d'autres non moins onéreux, les moyens affurés d'une exiftence plus commode ;

Vous direz à l'ouvrier que bientôt le commerce, débarraffé de fes entraves, reprendra une nouvelle activité, & que l'abondance du numéraire, favorifée par la circulation des affignats, ramènera certainement la profpérité dans nos fabriques ;

Vous direz à l'agriculteur que le tirage forcé de la milice ne fera plus un impôt pour lui, & une défolation pour fa famille ;

Qu'il ne fentira plus cette contrainte des banalités, ce poids de toutes les fervitudes féodales ;

Que dès l'année prochaine l'abolition abfolue de l'impôt défaftreux de la dîme accroîtra confidérablement fes revenus, & la valeur de fes propriétés ;

Vous direz à tous que la fuppreffion de la gabelle, non moins favorable à l'habitant des villes qu'à celui des campagnes, fouftrait les familles les plus indigentes à une

13

charge de plus de 12 liv. par année ; charge qu'aucune contribution ne sauroit jamais remplacer pour elles ;

Que tous les priviléges sont anéantis ; que les impositions sont réparties proportionnellement sur tous sans distinction ;

Qu'ils ont acquis le droit de se nommer leurs représentans & leurs magistrats ; d'entrer dans toutes les administrations ;

Que les réformes les plus justes & les plus sévères leur assurent une diminution sensible & prochaine dans les impôts & garantissent une amélioration certaine dans leur existence. Et vous, chef du corps municipal, vous qui, coopérateur des travaux de l'Assemblée nationale, & témoin de son union intime avec un monarque adoré, avez entendu les plus belles paroles qui soient jamais sorties de la bouche d'un roi ; vous qui nous avez retracé d'une manière si touchante ce discours à jamais mémorable qui garantit la constitution, & scelle notre bonheur, ne permettez pas qu'on publie autour de vous, que le restaurateur de la liberté françoise n'est pas libre ; démentez des assertions injurieuses aux représentans de la Nation.

Réunissez votre zèle, administrateurs de la cité ; nous devons vous dire comme de vrais amis de la patrie & de nos concitoyens ; que les circonstances exigent aujourd'hui de vous une démarche authentique. Nous la demandons avec cette instance respectueuse que nécessite l'intérêt dont nous nous occupons, & le caractère dont vous êtes revêtus.

Qu'une ordonnance émanée de votre autorité désapprouve ces écrits marqués au coin de la discorde & de l'imposture que nous vous faisons connoître ; que les auteurs des querelles funestes dont nous gémissons soient recherchés & poursuivis ; que ces dénonciations injurieuses qui séparent & outragent les citoyens, soient interdites & punies ; enfin que chacun apprenne à respecter la loi qui

14

le protège, & les biens sacrés de la société qui font son bonheur.

Tous les amis de l'ordre & de la constitution attendent, avec la plus vive sollicitude, ce sage & juste exercice de votre autorité. Suivent ici les signatures de cent soixante-deux citoyens actifs.

Nᵒ. VI.

Pétition à MM. les officiers municipaux.

Le 14 mai 1790.

Messieurs,

Les citoyens actifs, composans le club des amis de la constitution, sont instruits que les principales villes du département demandent la translation de l'assemblée électorale accordée à Nîmes par les décrets; elles ont pour motif que les mouvemens populaires qui agitent la ville, compromettroient la sureté de leurs électeurs & la liberté de leurs suffrages. Nous croyons devoir aux intérêts de la ville, de mettre sous les yeux du corps municipal combien il importe d'arrêter promptement l'effet de ces démarches: il ne peut y parvenir avec certitude qu'en rendant la sécurité à tous les esprits par des mesures rigoureuses & publiques, pour assurer dans nos murs l'ordre & la tranquillité. Au mépris des ordonnances, au mépris des conventions générales, qui font la force de la légion, il est de toute notoriété qu'il se fabrique depuis plusieurs semaines des fourches dans divers ateliers, & notamment

15

chez le sieur Cœffé, serrurier, demeurant dans la rue du Cyprès; armes perfides & prohibées, qui se transportent en plein jour par centaines. On assure en outre que malgré votre ordonnance qui interdit toute autre cocarde que la nationale, il s'en prépare un grand nombre de noires surmontées de croix blanches. D'après des faits & des bruits semblables, il n'est point étonnant que les étrangers craignent pour leur sureté dans nos murs. Nous vous dénonçons, Messieurs, cet événement qui ne peut que faire présumer de coupables desseins, & qui est une infraction manifeste à la loi. Animés par l'intérêt général de cette ville, & sur-tout de la classe indigente de ses habitans, qui trouvera dans le séjour de cinq cents électeurs, des ressources nouvelles & si précieuses dans ces circonstances, nous ne doutons point que nos administrateurs n'accueillent avec intérêt l'avis que nous leur donnons, & n'emploient toute leur autorité pour faire cesser les causes d'une alarme générale, aussi fondée que son effet nous seroit funeste. La multiplicité des travaux auxquels le corps municipal se livre, donne le droit aux bons citoyens de l'avertir de tout ce qui pourroit avoir échappé à ses soins, & leur permet de compter sur sa reconnoissance.

No. VII.

Déclaration faite par M. Aubary, au sujet des cocardes noires.

Passant chez un de mes amis, nommé Gay, son épouse me dit qu'on venoit de lui dire qu'il se fabriquoit des cocardes noires avec une croix blanche chez le sieur Veissière, près l'horloge.

Mon frère, réfidant à Avignon depuis plufieurs années, fe trouvoit avec moi dans ce moment, il devoit repartir le lendemain, & témoigna le defir d'emporter par curiofité une de ces cocardes. En effet, le lendemain matin, mon frère dit à mon commis, nommé Avit, d'aller lui en chercher une à l'adreffe qu'on m'avoit indiquée. Il fut chez le fieur Veiffière, & parlant à lui-même, lui demanda s'il avoit des cocardes noires de faites : il lui répondit qu'ouï. N'en avez-vous pas, reprit-il, comme celles *qui fe fabriquent à préfent*, en faifant fur fa main le figne d'une croix? Le fieur Veiffière lui répondit qu'il alloit être fervi, & il lui en fit une tout de fuite, qu'il lui remit moyennant dix fous & demi. Le commis la porta à mon frère. Celui-ci avoit des affaires chez M. J. André; nous y fûmes enfemble, & dans la converfation lui fîmes voir cette cocarde. Dans le moment M. Vincent Valz, officier municipal, entra chez M. André, & voyant cette cocarde, nous demanda comment nous nous l'étions procurée : je le lui contai de la même manière dont je l'attefte ici.

Signé, AUBARY.

No. VIII.

Extrait d'acte expofitif.

L'AN mil fept cent quatre-vingt dix, & le vingt-unième jour du mois de feptembre, par nous Antoine Mourgue, huiffier royal à l'amirauté d'Aigues-Mortes, habitant à Nîmes, fouffigné à la requête de fieur Jean Pons, bourgeois, habitant de la ville de Nîmes où il a domicile, a été expofé au fieur Berdincq, fecrétaire-greffier de la commune dudit Nîmes, qu'il ne peut difconvenir que
depuis

17

depuis environ les 15 ou 20 avril 1790, ledit fieur Pons a été fréquemment & prefque journellement devers le greffe de la municipalité, non-feulement en fa qualité de citoyen actif, mais encore, comme commiffaire du club des amis de la conftitution, établi en cette ville, pour vérifier tout ce qui pouvoit intéreffer les citoyens de la ville, relativement à l'adminiftration de la municipalité, & du confeil général de la commune; que, dans toutes les occafions, ledit fieur Pons a agi avec honnêteté & modération, ce qui a été réciproque de la part du fieur Berdincq, & de celles de fes commis : cependant on a répandu le contraire; & comme il importe audit fieur Pons, & au club des amis de la conftitution, de manifefter avec authenticité la vérité, ledit fieur Berdincq eft fommé & réquis, de déclarer en réponfe au préfent acte, s'il n'eft vrai; 1°. que ledit fieur Pons a été conftamment l'un des commiffaires du club des amis de la conftitution, pour vérifier les regiftres de la municipalité; 2°. fi chaque fois il n'a été obfervé, que fi aucun defdits regiftres étoit occupé, on attendroit qu'ils fuffent libres; 3°. fi en effet aucun defdits regiftres n'a été vérifié qu'autant qu'ils étoient parfaitement libres; 4°. fi chaque fois, ou du moins prefque toujours, ledit fieur Pons n'a fait les vérifications, en fe tenant debout, appuyé fur un étage où font placés les regiftres du compoix, malgré qu'il fût preffé de prendre place à l'un des bureaux du greffe, à quoi il fe refufoit, crainte de porter la moindre incommodité; 5°. enfin, s'il n'eft faux que ledit fieur Pons ait détenu aucun regiftre, non plus qu'aucun autre commiffaire, quoique les officiers municipaux ou les greffiers en euffent befoin; & en refus ou défaut par ledit fieur Berdincq de répondre fur chacun defdits faits, il lui eft protefté, qu'il fera actionné en juftice pour s'y voir condamner, lui ayant baillé copie de cet exploit en

Rép. à Nîmes. Pièc. juftif.   B

parlant à lui-même dans l'un des bureaux du greffe de la maison commune; en foi de ce, lequel en recevant copie, a répondu, qu'ami de la vérité & voulant lui rendre hommage, il s'empresse de déclarer authentiquement que les cinq faits articulés dans l'acte qui lui est signifié, font de toute sincérité, requis de signer, ce qu'il a fait. Berdincq & Mourgue, *signés*. Contrôlé à Nîmes, le 24 septembre 1790; douze sols neuf deniers. Chabaud, *signé*.

<hr>

N°. IX.

PREMIÈRE PIÈCE.

Extrait d'une délibération du district de Sommières.

L'AN mil sept cent quatre-vingt-dix, & le vingt-cinquième jour du mois de mai après midi, dans la salle de l'hôtel-de-ville de la ville de Sommières.

Les divers cantons du district de ladite ville assemblés par députés, en présence de M. de Roux, son maire, nommé président par acclamation, ayant pris en considération les troubles qui agitent quelques cantons du département du Gard, & principalement Nîmes, où les ennemis de la paix & du bien public s'efforcent d'arrêter les effets de l'heureuse révolution, d'où la France attend son bonheur & sa régénération;

Considérant que ces ennemis du bien public font mouvoir les perfides ressorts du fanatisme pour exciter une guerre civile, & parvenir par ce moyen odieux à leurs détestables fins;

19

Considérant qu'ils affectent de vouloir faire une guerre de religion, de ce qui, dans le fait, n'est que le choc de l'intérêt particulier qui lutte contre le bien public, & que cette révolution, d'où dépend le salut de l'état, est défendue par tous les bons François;

Considérant que dans la ville de Nîmes existe ce foyer de fanatisme, que l'aristocratie seule met en jeu, & que cependant c'est actuellement le rendez-vous des électeurs désignés par l'Assemblée nationale pour la formation du département;

Considérant combien cette Assemblée, dans cette circonstance, pourroit être troublée dans ses opérations, soit pour la liberté des suffrages, soit pour sa sureté individuelle.

L'Assemblée, ayant pris ces différens objets en mûre considération, & voyant le danger que courent ses électeurs, en se rendant dans une ville où le désordre qui y règne, annonce la présence indubitable d'un grand nombre de mauvais citoyens, a unanimement délibéré de former un cantonnement dans les environs du territoire de Nîmes pendant la durée de l'assemblée des électeurs, à l'effet de veiller à la sureté de ses députés, dont la conservation leur est chère; & pour assurer la pleine liberté des élections, que des mal-intentionnés pourroient troubler.

L'Assemblée du district a délibéré d'inviter tous les districts du département du Gard, de prendre en considération la conduite du district de Sommières, persuadé que liés par les mêmes intérêts, ils prendront, dans cette circonstance & à son exemple, les moyens que leur prudence & leur sagesse leur suggéreront.

A délibéré que le quartier général seroit établi à Boissières, & les cantonnemens dans les villages circonvoisins; que sur le rapport fait à M. de Bonnafoux, général de l'armée du district, par les commissaires

ci-après nommés; des renseignemens qu'ils auront sur
la quantité des gardes nationales, que les villages qui
environnent Boissières, pourront contenir, il sera auto-
risé à déterminer ce cantonnement, & en fixera l'époque
au quatre du mois de juin prochain, pour tenir jusqu'à
l'installation du département.

La même assemblée a choisi dans chacun de ses
cantons deux commissaires, à l'effet de prendre des
renseignemens dans les villages qui avoisinent Boissières,
sur la quantité des gardes nationales que l'armée du
district peut y cantonner, & pour ensuite faire le rapport au général, qui sera chargé desdits cantonnemens,
& a nommé pour cet effet; pour le canton de Sommières, M. le Prieur, maire d'Aujargues, & Louis-
Valentin, bourgeois de Junas; pour le canton de Cal-
visson, MM. Mazoyer de Bizac, & Nourit, père, de
Congeniés; pour le canton de St. Mamert, MM. Brouve
& Valord de Combas; pour le canton de Quissac,
MM. Aldebert de Liou & Jalaguier, notaire de Quissac;
& pour le canton d'Aigue-vives, MM. Granon, procureur de la commune dudit Aigue-vives, & Bruneton,
procureur de la commune du grand Gallargues.

Arrête en outre, que la présente délibération sera
imprimée, qu'extrait en forme en sera envoyé aux
augustes représentans de la Nation, comme un hommage du respect du district qui n'oseroit se permettre
aucune démarche sans leur faire connoître la pureté de
ses principes, qui ne tendent qu'à assurer l'exécution de
leurs décrets, sanctionnés ou acceptés par le roi.

21

SECONDE PIÈCE.

Extrait d'une proclamation du corps municipal de Nîmes, du 31 mai 1790.

LE corps municipal, toujours religieux obfervateur du ferment civique qu'il a prêté, & fans cesse occupé à maintenir la concorde & la paix, & à faire exécuter les décrets de l'Affemblée nationale ;

Confidérant que la délibération, prife le 25 de ce mois par le diftrict de Sommières, pourroit porter atteinte à ces décrets, & au calme qui a fuccédé aux orages du deux & du trois de ce mois ;

Qu'il eft de fon devoir de prévenir les inconvéniens qu'elle feroit naître, fi elle infpiroit des craintes dans les différens lieux du département où elle a été envoyée ;

Que cette délibération femble contrarier les vues & les principes de l'Affemblée nationale.

Ses vues, parce qu'en mettant des entraves à l'Affemblée électorale, elle éloignera la formation du département, & retardera en conféquence les progrès de la conftitution.

Ses principes, parce qu'ils ont toujours été que les repréfentans du peuple, comme les repréfentans de la Nation, foient parfaitement libres dans leurs fuffrages, ce qui ne fauroit être à la vue d'un camp qui peut les inquiéter, *comme celui de Verfailles,* diffipé par le courage héroïque de nos repréfentans, inquiétoit l'Affemblée nationale.

Confidérant enfin que, d'après les difpofitions du diftrict de Sommières, il ne faudroit qu'une fauffe alarme ou un faux rapport, donné ou fait par quelque homme méchant ou inconfidéré, pour attirer à Nîmes

B 3

les troupes du camp de Boissières & des cantonnemens établis dans les villages des environs.

Le corps municipal a délibéré de faire imprimer & publier la présente proclamation, d'en adresser un extrait à M. le président de l'Assemblée nationale, & de le supplier de la mettre sous les yeux de cette auguste Assemblée, pour lui donner connoissance de la démarche que vient de faire le district de Sommières.

D'en envoyer d'autres extraits à M. *du Roux*, maire de Sommiètes, à M. *Legrand*, prieur & maire d'Aujargues, président & commissaire, nommés par la délibération, & à M. *de Bonnafoux*, général du camp de Boissières, & de leur déclarer, ainsi qu'à tous ceux qui peuvent composer ce camp ou tous autres, *que le corps municipal les rend personnellement responsables des événemens.*

Défend à tous ceux qui feront partie du camp de Boissières & autres, de paroître armés ou attroupés pendant la tenue de l'assemblée électorale, ni dans aucun autre temps, sur le territoire de la municipalité de Nîmes, *sous peine d'être poursuivis comme perturbateurs du repos public.*

Et pour empêcher qu'on puisse dire que les citoyens de Nîmes ont provoqué la venue des gens armés du camp de Boissières & des cantonnemens, le corps municipal fait très-expresse défense à tous les citoyens, quels qu'ils puissent être, autres que ceux requis pour les patrouilles ordinaires, de paroître en armes dans aucun endroit de la ville ni du territoire de la municipalité de Nîmes.

Prend d'hors & déja MM. les électeurs sous sa sauvegarde spéciale, & leur promet d'employer tous les moyens qui feront en son pouvoir pour rendre leurs personnes inviolables.

Exhorte tous les citoyens à leur prouver par leurs

25

attentions, que personne ne defire plus vivement qu'eux, de conferver la paix & la concorde, de vivre en frères & de contribuer à faire exécuter promptement les décrets de l'Affemblée nationale, fanctionnés par le Roi.

TROISIÈME PIÈCE.

Extrait d'une délibération du diftrict de Sommières, département du Gard.

L'AN mil fept cent quatre-vingt-dix, & le troifième juin après midi, dans la maifon commune de la ville de Sommières, les députés des différens cantons du diftrict de ladite ville, département du Gard, y étant affemblés, en préfence & fous la préfidence de M. de Roux, maire de la même ville, à l'effet de nommer un confeil, & pour diriger le cantonnement déterminé par fa délibération du vingt-cinq mai dernier, pour le quatre du courant, aux environs de Boiffières, dans notre diftrict, & pourvoir à la fubfiftance des gardes nationales qui doivent s'y trouver, MM. de Roux, préfident, Puech & Legrand, commiffaires nommés, ont remis fur le bureau une proclamation du corps municipal de la ville de Nîmes, en date du 31 dudit mois de mai, & plufieurs lettres de différens diftricts du département, requérant de délibérer.

Sur quoi l'Affemblée, après en avoir entendu lecture, confidérant que la municipalité de Nîmes a donné à la délibération prife le 25 mai par le diftrict, une interprétation contraire à la pureté de fes principes, & des fentimens de fraternité qui l'animent;

Confidérant que, bien loin de porter atteinte aux décrets de l'Affemblée nationale, comme la fufdite

B 4

proclamation le donne à entendre, le district de Sommières n'a eu d'autre but que d'en assurer l'exécution,
& de prévenir les orages dont l'assemblée des électeurs
lui paroissoit menacée;

Considérant que, bien loin de contrarier les vues
& les principes de l'Assemblée nationale, il n'a tenu,
par sa délibération, qu'à les seconder de tout son pouvoir,
& que c'est la mal saisir, que d'y trouver l'intention
seulement apparente de mettre des entraves à l'assemblée
des électeurs, & de gêner la liberté des suffrages;

Considérant que le cantonnement patriotique du
district ne sauroit souffrir la comparaison que le corps
municipal de Nîmes se permet d'en faire avec le camp
de Versailles, rassemblé par les ennemis du bien public;

Considérant qu'on ne peut prêter au district d'autres
dispositions que celles de concourir, avec les municipalités du département, à la liberté des suffrages &
à la sureté de l'assemblée des électeurs;

Considérant que l'Assemblée nationale ne sauroit
improuver une démarche qui ne tend qu'à la prompte
exécution de ses décrets, & qui correspond parfaitement
avec les intentions que le corps municipal de Nîmes
manifeste aujourd'hui dans sa proclamation;

Considérant que, dans un moment où la ville de
Nîmes devient commune à tout le département, les
amis de la chose publique ne sauroient être arrêtés
dans leur zèle à ramener l'ordre & la paix dans les
lieux d'où les ennemis du bien public s'efforceroient
de les bannir;

Considérant que, dans un cas semblable, il seroit
bien étonnant que la municipalité de Nîmes voulût
exécuter la défense & les menaces de poursuivre,
comme perturbateurs du repos public, ceux du cantonnement de Boissières & autres qui paroîtroient
armés dans leur territoire, pour seconder le desir du

25

corps municipal ou de l'affemblée des électeurs, de maintenir la concorde & la paix, & pour les y rétablir en cas que les ennemis du bien public parvinffent à la troubler;

Confidérant que le corps municipal de Nîmes auroit mieux jugé les fentimens fraternels du diftrict, s'il n'avoit apperçu, dans la démarche d'établir un cantonnement à Boiffières, que le defir de voir réalifer fans obftacles une réunion qui avoit fait l'objet de fes réclamations à l'Affemblée nationale, & de cimenter toujours plus avec les bons patriotes de la ville de Nîmes, cette alliance contractée avec eux par le chef-lieu de notre diftrict, au mois de juillet dernier, dont le fouvenir ne s'effacera jamais de nos cœurs, & dont les devoirs nous feront toujours facrés;

Confidérant que le corps municipal de Nîmes ne fe feroit pas élevé contre la démarche du diftrict de Sommières, s'il avoit fait attention :

1°. Que les défordres dont la ville de Nîmes a été le théâtre, font trop notoires & trop affligeans, pour que le diftrict négligeât aucun des moyens qui lui paroiffoient propres à prévenir de nouveaux troubles:

2°. Que le filence de la municipalité de Nîmes, fur des écrits incendiaires fabriqués dans cette ville, diftribués dans la province & dans prefque toutes les villes du royaume, devoient néceffairement laiffer le diftrict de Sommières dans la perfuafion, qu'en partageant l'indignation générale, qui, de toutes parts, a éclaté contre ces écrits fcandaleux, la municipalité de Nîmes n'ofoit faire ufage de fon autorité contre ceux de fes concitoyens, qui, abufant de la crédulité d'un peuple nombreux, vouloient faire d'une religion de paix le prétexte d'une guerre civile.

3°. Que le diftrict avoit été confirmé dans cette idée, par la requifition du fieur Vidal, procureur de la com-

mune de Nîmes , & la délibération du conseil-général
de ladite commune , en date du treize mai dernier ,
qui avoit été envoyée aux municipalités , dans les-
quelles on annonce « comme rompus , les liens qui
» unissoient jadis les habitans de la même cité , une
» ligue formée dans la vue de croiser les opérations ,
» lasser la vigilance, calomnier les principes , même
» le bien que la municipalité devoit faire ; l'envie
» perdant de vue le respect dû à ses intentions , à ses
» discours & à ses démarches ; des citoyens sans défense ,
» attaqués par des hommes armés , la sureté publique
» violée, le sang répandu , la crainte & la consternation
» peintes sur tous les fronts , le flambeau de la guerre
» civile allumé , l'espoir de voir dévoiler des mystères
» affreux aux yeux de l'Europe ; des factieux , des
» complots , des machinations , des conspirations dé-
» noncées à M. le procureur du roi , à la sénéchaussée,
» &c. »

4°. Que d'après ces récits affligeans , le district de
Sommières devoit nécessairement partager les craintes
que les citoyens de Nîmes éprouvèrent dans les journées des deux & trois mai , dont la municipalité sur
la requisition de quelques chefs de la milice nationale,
sut prévenir les suites comme elle auroit infailliblement
prévenu le placard par lequel les amis de la constitution étoient menacés , si l'importance & le nombre
de ses occupations ne lui en avoient dérobé la connoissance , lors même que ce placard étoit déja déposé au
greffe criminel.

5°. Que le district de Sommières , qui ne pouvoit
se dissimuler l'existence d'un fait qui avoit échappé à
l'œil clairvoyant du corps municipal de Nîmes , auroit
cru manquer essentiellement, en négligeant les précautions qui lui étoient suggérées par son patriotisme ,
pour épargner à ce corps respectable la douleur qu'il

n'auroit pas manqué de ressentir, si, à l'époque de l'assemblée du département, & à son insçu, les ennemis du bien public avoient tenté d'exécuter leurs menaces & fait de nouveaux efforts pour troubler la tranquillité publique, élever des obstacles à l'exécution des décrets, & compromettre ainsi (toujours à l'insçu du corps municipal de Nîmes) la sureté des électeurs.

Considérant enfin, qu'il ne falloit rien moins que la promesse de MM. les commissaires du roi à MM. les officiers municipaux de la ville de Saint - Esprit, de transférer l'assemblée en cas de trouble, & l'assurance que le corps municipal de Nîmes nous donne des mesures qu'il a prises, propres à nous tranquilliser sur les électeurs & la liberté de leurs opérations, pour suspendre les craintes du district de Sommières, qui lui avoient fait prendre des précautions qui tendoient à la même fin.

Toutes ces considérations mûrement pesées, l'assemblée, ne doutant pas de l'influence du corps municipal sur l'esprit des habitans de la ville de Nîmes, & du succès des moyens qu'il se propose de mettre en œuvre pour prévenir de nouveaux désordres, pénétrée des sentimens de fraternité, a unanimement délibéré :

Que, sans se départir des dispositions où est le district de Sommières de transporter ses forces par-tout où le désordre les rendroit nécessaires à la tranquillité publique sur les requisitions légales, il renonce au cantonnement projeté aux environs de Boissières, & que, comme en cas d'évènement, il ne sera pas à portée de donner un secours aussi prompt qu'il le desireroit, les délibérans *rendent la municipalité de Nîmes garante & responsable de tous ceux que le cantonnement du district de Sommières, de concert avec elle, avoit en vue de prévenir ;*

Délibère, en outre, que la présente sera imprimée ;

qu'extrait en forme en sera envoyé à M. le président de l'Assemblée nationale, à la municipalité de Nîmes, à M. Bonnafoux, général de l'armée du district, & partout où besoin sera, pour justifier auprès de cette auguste assemblée la conduite du district de Sommières, & effacer les impressions défavorables qu'on auroit pu donner à une démarche dictée par le plus pur patriotisme ; & donne pouvoir aux commissaires nommés par sa délibération du vingt-cinq mai dernier, de donner cours aux exemplaires.

<hr>

No. X.

Extrait d'une délibération du 17 mai, prise dans le conseil-général de la commune de Nîmes.

Monsieur de Labaulme, officier municipal, ayant le dévolu, a dit :

« Si dans ces momens difficiles, une dénonciation
» étoit permise à des citoyens appelés à la tête d'une
» commune importante par le choix libre de leurs con-
» citoyens, seul dédommagement des peines dont leur
» carrière est parsemée, ils vous dénonceroient, NOS-
» SEIGNEURS, un club qui entretient dans nos murs
» un foyer de division & de discorde ; un club qui,
» sous l'honorable nom d'ami de la constitution, en
» sappe les fondemens, puisqu'il réunit tous ses efforts
» pour troubler la paix & armer les citoyens les uns
» contre les autres ; un club dont la plupart des mem-
» bres ayant vainement concouru pour les places d'of-
» ficiers municipaux, exhalent leur injuste haine par

» des écrits, dans lesquels la réputation des hommes
» les plus honnêtes se trouve compromise ; un club
» qui, cherchant moins à surveiller la municipalité qu'à
» l'inquiéter, vient de lui dénoncer des cocardes noires,
» qu'un membre de ce club, qui a signé la pétition
» avoit seul commandées ; un club, enfin, dont plu-
» sieurs d'entre ceux qui le composent sont grièvement
» inculpés dans les émeutes des deux & trois de ce
» mois. Voilà des faits, NOSSEIGNEURS, qui doi-
» vent déja avoir été mis sous vos yeux, & qu'il est
» facile de justifier par les preuves que nous possédons.

Extrait de verbal d'aveu d'une lettre missive.

L'AN mil sept cent quatre - vingt - dix & le samedi
vingt-cinquième jour du mois de septembre, heure de
neuf du matin, pardevant nous Jean-Louis Fornier-
Meyrard, conseiller du roi, juge magistrat en la sénéchaussée & siége présidial de Nîmes, exerçant le dévolu dans notre hôtel, assisté de Dominique Nicolas,
greffier en la cour duement assermenté :

Est comparu Blanc-Pascal, procureur au siége, faisant
pour le sieur Rabaut Dupuy, bourgeois de cette ville,
agissant en qualité de président du club des amis de
la constitution établi dans cette ville, qui a dit : que
par exploit du jour d'hier de Mourgues, huissier, contrôlé, sadite partie a fait assigner pardevant nous aux
présens jour, lieu & heure, M. de Labaulme, che-
valier de St Louis, & officier municipal dudit Nîmes,
pour faire l'aveu de la lettre par lui écrite le quatre
juillet dernier au président du susdit club, requérant
qu'il nous plaise, &c.

Suit la teneur de ladite lettre : « Monsieur le pré-
» sident, profondément affecté de ce qui s'est passé chez

» moi le mardi quinze juin dernier au sujet d'une lettre
» de M. le Maire d'Arles, adressée à Messieurs du club ;
» instruit que je devois être assigné, je crus devoir diffé-
» rer, après, jusqu'à ma déposition, d'avoir l'honneur de
» vous rendre compte des faits qui y sont énoncés ; je
» déposai jeudi dernier, & de suite je m'empressai de
» me rendre à la salle du club, où j'appris qu'il n'y
» avoit point d'assemblée ; je me flattois d'avoir l'hon-
» neur de m'y présenter aujourd'hui ; mais comme d'a-
» près vos réglemens, on ne peut parler à l'assemblée
» que par l'organe de son président ; j'ose me flatter,
» Monsieur, que vous voudrez bien agréer & faire
» agréer mes justes regrets sur un évènement mal-
» heureux auquel je suis entièrement étranger : *j'y ai*
» *été d'autant plus sensible, qu'il pouvoit me compro-*
» *mettre auprès de ceux de mes concitoyens les plus dis-*
» *tingués par leurs lumières & leur patriotisme, & dont*
» *je ne cesserai jamais d'ambitionner l'estime & la bien-*
» *veillance.* J'ai l'honneur d'être avec respect, Monsieur
» le président, votre très-humble & très-obéissant servi-
» teur, Labauline, *signé.* Nîmes, ce dimanche 4 juillet
» 1790. »

3£

Nº. X I.

Liste des personnes à administrer en témoins, en exécution de la délibération du conseil-général de la commune du 13 mai 1790, dont un extrait est au pouvoir de M. le procureur du Roi en la sénéchaussée & siége présidial de Nîmes, avec la dénonciation portée par ladite délibération.

MESSIEURS

Lacoste, père, Négociant.
Henri Lacoste.
Lacoste, fils, Capitaine de la Légion.
Vampère, Greffier au bureau des hypothèques.
De Gueydon, Capitaine de Vaisseau.
Turion, Commis au Greffe.
Chabaud, Commis au Contrôle.
Castant, Officier de la Légion.
Melquion l'aîné, Négociant.
Celse, Négociant.
Charles, fils, Négociant.
Le P. Royer, Recteur du Séminaire.
Cœffé, Maître Serrurier, rue du Cyprès.
Maréchal, Maître Perruquier.
De Salignac-Fénélon, Lieutenant de la compagnie de
   la Garlière, régiment de Guienne.
Lahaye, Maître Perruquier.
Lahaye, neveu, Maître Perruquier.
Labry, Maître Sellier.
Les demoiselles Magdelon Bouschet, faiseuses de modes.

Rofe Tellier, femme du fieur Fouquet, Peintre.
Françoife Bonijoly, couturière de bas.

Par moi, procureur de la commune, fouffigné, en exécution du mandat porté par la fufdite délibération, fans préjudice d'additionner. A Nîmes, ce 8 juin 1790. *Signé*, VIDAL.

L'AN mil fept cent quatre-vingt-dix, & le dixième jour du mois de juin, avant & après midi, par nous, Pierre Gifquet, huiffier-audiencier au préfidial de Nîmes, y habitant, fouffigné: du mandement de M. le procureur du roi en la fénéchauffée & fiége préfidial de Nîmes, où il a domicile en fon hôtel, affignation a été donnée au fieur Lacofte, père, négociant, parlant à lui-même; au fieur Henri Lacofte, parlant à lui-même; au fieur Lacofte, fils, capitaine de la légion, parlant à lui-même; à M. de Gueydon, capitaine de vaiffeau, parlant à lui-même; au fieur Vampère, greffier au bureau des hypothèques, parlant à lui-même; au fieur Turion, commis au greffe, parlant à lui-même; au fieur Chabaud, commis au contrôle, parlant à lui-même; au fieur Caftant, officier de la légion, parlant à lui-même; au fieur Melquion l'aîné, négociant, parlant à lui-même; au fieur Celfe, négociant, parlant à lui-même; au fieur Charles le fils, parlant à lui-même; au R. P. Royer, recteur du féminaire, parlant à lui-même; au fieur Cœffé, maître ferrurier, parlant à lui-même; au fieur Maréchal, maître perruquier, parlant à lui-même; à M. de Salignac-Fénélon, lieutenant de la compagnie de la Garlière, régiment de Guienne, parlant à lui-même; au fieur Lahaye, maître perruquier, parlant à lui-même; au fieur Lahaye, neveu, maître perruquier, parlant à lui-même; au fieur Labry, maître fellier, parlant à lui-même; à la demoifelle Magdelon Bouffchet,

faifeufe

faiseuse de modes, parlant à elle-même ; à demoiselle Rose Tellier, femme du sieur Fouquet, peintre, parlant à elle-même ; & à la demoiselle Françoise Bonijoly, couturière de bas, parlant à elle-même ; tous habitans de cette ville de Nîmes, à comparoir : savoir ; les sept premiers, cejourd'hui, heure de deux après midi ; les sept suivans, demain, vendredi, à la même heure, & les sept derniers, samedi prochain, à la susdite heure de deux, pardevant & dans l'hôtel, & pardevant M. Fajon, lieutenant-général criminel en ladite sénéchauffée & siége présidial, pour déposer vérité sur ce qu'ils seront interrogés, à peine de l'amende de dix livres, suivant l'ordonnance, & leur ai à chacun baillé copie, en parlant comme devant, trouvés en domicile. En foi de ce, *signé*, GISQUET.

N°. X I I.

Verbal de quelques officiers municipaux , qui constate l'enlèvement des drapeaux rouges , par les légionnaires portans des houppes rouges.

Du mardi 15 juin 1790 ; nous, Ferrand-Demissol & Pontier, officiers municipaux, instruits dans la maison-commune , qu'il se formoit une émeute au-devant de l'évêché, dimanche dernier sur les six heures du soir, nous nous y sommes transportés, laissant M. l'abbé de Belmont, autre officier municipal, seul ; lequel auroit été contraint, par les légionnaires de garde, à proclamer la loi martiale, & à sortir le drapeau rouge ; ce qu'ayant fait, le drapeau lui avoit été enlevé par des légionnaires portant des poufs rouges, ainsi qu'il nous

Rép. à la Ville de Nîmes, Pièc. Justif. C

a été dit ; & nous, officiers municipaux fufdits, ayant auffi été conduits à proclamer le même foir la loi martiale, le fecond drapeau nous auroit encore été enlevé le long des remparts, auprès de la porte des Carmes, par les mêmes légionnaires retranchés fur les remparts & dans la tour, ce qui nous auroit conduits, le trouble augmentant, à faire faire deux autres drapeaux rouges, par le fieur Verdoin, tapiffier, le jour d'hier ; à continuer la proclamation de la loi matriale dans toutes les rues, & à placer l'un des drapeaux neufs fur le balcon de la maifon-commune ; de quoi nous avons dreffé procès-verbal, cejourd'hui, & nous fommes fignés : *Ferrand-Demiffel, Pontier*, officiers municipaux ; *fignés à l'original.*

N°. X I I I.

Noms de la plupart des officiers catholiques, qui ont figné le procès-verbal cité par la municipalité de Nîmes.

M E S S I E U R S

François Froment, receveur du chapitre, décrété de prife de corps, réfugié à Turin.

Thomas Froment, décrété de prife de corps.

Froment, dit *Tapage*, leur frère aîné, accufé d'avoir affaffiné un Grenadier de Guienne, le 3 mai ; 15 témoins l'ayant dépofé, & le procureur du roi a requis un décret au corps contre ledit Froment.

Pierre Froment, décrété de prife de corps, tué dans les tours.

Defcombiés, notable, décrété de prif de corps.

Vigne, décrété de prife de corps, & mandé à la barre.

Michel, confeiller au préfidial, mandé à la barre.

Pontier, fils d'un officier municipal.

Velut, mandé à la barre.

Genton, parent du procureur de la commune, & logé chez lui.

Folacher, décrété de prife de corps, mandé à la barre, & un des agens du camp de Jalès.

Lami, décrété de prife de corps.

Rigaud, notable, officier d'une compagnie à pouf rouge.

Chavanier, notable, *idem*.

Jauffret de Tacat, beau-frère de M. Grelleau, officier municipal, officier d'nne compagnie catholique de la banlieue.

Melquion aîné, officier d'une compagnie à pouf rouge, mandé à la barre.

Celfe Melquion & } frères du précédent.
Louis Melquion, }

Bofquier, beau-frère de M. Laurens, officier municipal, officier d'une compagnie à pouf rouge.

Robin, mandé à la barre, officier d'une compagnie à pouf rouge.

Caftan, fils d'un notable, officier d'une compagnie catholique de la banlieue.

De la Reyranglade, mandé à la barre.

Il eft bon d'obferver que le 23 mai la municipalité nomma pour adjoints aux procédures criminelles, le préfident & la plupart des commiffaires de la délibération des pénitens qui, à cette époque, étoient dénoncés de toute part, comme pertubateurs du repos public.

Peu de tems après, elle les nomma encore *prud'hommes*,

pour établir la répartition de l'impôt connu en Languedoc sous le nom de *compoix cabaliste.*

On voit que la municipalité n'a pas même cherché à déguiser les rapports intimes qui la lient avec des personnes que l'Assemblée Nationale a privées depuis, de leurs droits de citoyens actifs.

N°. XIV.

Extrait d'une délibération prise, le mardi 13 juillet 1790, par le corps municipal.

M. Murjas a dit : Messieurs, par votre proclamation du jour d'hier, vous avez invité tous les citoyens de la commune & tous les françois qui sont actuellement en cette ville, à se rendre, demain mercredi, à midi précis, sur la place de l'Esplanade, pour y prêter le serment civique & fédératif.

J'ai cru que la prestation du serment qui doit être fait en présence de la municipalité, devoit être précédée de l'expression de nos sentimens. Je remets mon discours sur le bureau, & je le soumets à votre patriotisme & à vos lumières.

M. Razoux a dit : M. Boyer, substitut du procureur de la commune, s'étoit fait une fête & un devoir de requérir la prestation du serment de la commune, & d'exprimer les sentimens qui l'animent, dans un discours qui précède sa requisition. Une indisposition qui lui est survenue met obstacle à ses desirs. Il m'a remis son discours ; il vous le soumet également, &, si vous l'approuvez, il se flatte que quelqu'un d'entre vous voudra bien lui prêter son organe.

37

M. Grelleau, faifant les fonctions de procureur de la commune, entendu ; lecture faite des difcours de MM. Murjas & Boyer, le corps municipal a déclaré unanimement qu'il ne peut que louer & approuver *le zèle & le patriotifme* qu'ils renferment, & que *les fentimens qui y font exprimés font communs à tous les membres de la municipalité.* Il a en conféquence prié M. Grelleau, faifant les fonctions de procureur de la commune, de faire la lecture du difcours de M. Boyer, en requérant la preftation du ferment : il a été délibéré que les deux difcours feront *tranfcrits fur le regiftre & imprimés* ; il a été déterminé au furplus que *tous les officiers municipaux* fe rendront demain dans la maifon commune, à onze heures précifes du matin, pour aller en corps fur la place de l'Efplanade, & affifter à l'augufte cérémonie qui a pour objet la réunion de tous les cœurs & de tous les fentimens.

Suivent les deux difcours dont nous avons cité un fragment, & font enfuite fignés MM. Murjas, *Duroure*, *Razoux*, *Pornier*, *Ferrand-Demiffol*, *Grelleau*, *Pontier*, Lieutier, Laporte & Gas.

On a mis en lettres italiques les noms des fix officiers municipaux qui tous ont figné la délibération *patriotique*, & peu après le mémoire *incendiaire* de M. Boyer.

N°. XV.

Nota. On se rappellera que les officiers municipaux citent à plusieurs reprises, dans leur mémoire, un verbal sur lequel ils fondent leurs allégations. On verra par l'extrait du verbal ci-dessous, qu'ils se sont refusés à donner connoissance de cette pièce, & qu'il paroît même qu'elle n'existe pas au greffe de la municipalité.

Extrait du verbal.

L'AN 1790, & le treizième jour du mois d'octobre, heure de 8 du matin, pardevant nous Marc-Antoine Darlhac, notaire de Nîmes, soussigné, & en présence des témoins ci-après nommés, s'est présenté dans notre étude sieur Jean Pons, bourgeois, citoyen actif dudit Nîmes, qui nous a dit qu'en vertu de l'article LIX du décret de l'Assemblée Nationale, pour la constitution des municipalités, sanctionné par le Roi, le 18 décembre 1789, il se présenta, le jour d'hier, devers le greffe de la municipalité de Nîmes, pour prendre communication, sans déplacer, des verbaux annoncés comme pièces justificatives, dans une adresse présentée à l'Assemblée Nationale, au nom des officiers municipaux de cette ville, & par eux avouée, suivant une délibération du 3 de ce mois, &c.

Nousdits notaire nous sommes transportés avec lui & les témoins, devers le greffe de la maison commune, où étant, ayant la présence du sieur Berdincq secrétaire-greffier, ledit sieur Pons l'a requis de lui donner communication sans déplacer des verbaux annoncés comme pièces justificatives dans une adresse de la municipalité, ledit sieur Berdincq a persisté à déclarer que lesdits verbaux ne sont pas en son pouvoir ni dans le greffe de la municipalité, & a annoncé prévenir de

39

ladite requifition M. Ferrand-Demiffol , officier municipal , par la voie du fieur Brenel, commis au greffe ,
& a ledit fieur Berdincq figné. Berdincq, figné. Et à
l'inftant ledit fieur Brunel revenu, a rapporté que M.
Ferrand-Demiffol l'a chargé de dire audit fieur Berdincq
qu'il eût à répondre , qu'il donneroit connoiffance de
ladite réquifition au corps municipal, de laquelle réponfe il nous a donné communication ; fur quoi ledit
fieur Pons a dit que les verbaux dont s'agit n'ont pas
pu être fouftraits du greffe fans un abus d'autorité de
la part de celui qui a fait la fouftraction , perfiftant
dans fa requifition fondée fur l'article 59 ci - devant
cité ; proteftant en cas de nouveaux refus de fe pourvoir pardevant qui de droit, pour obtenir ladite vifion ,
& de répéter les frais que le refus fait le jour d'hier ,
& réitéré cejourd'hui a occafionnés & occafionnera : de
tout quoi nousdits notaire avons dreffé le préfent procès-
verbal, clôturé & lu dans l'un des bureaux du greffe
de la municipalité , en préfence de M. Blanc - Pafcal
& M. Louis Mazelet négociant, habitans à Nìmes ,
fignés avec ledit fieur Pons , & lefdits fieurs Berdincq
& Brunel, de ce requis, & nous notaire. Jean Pons,
Berdincq, Brunel, Blanc-Pafcal, Louis Mazelet, M.
Darlhac, notaire, fignés à l'original. Contrôlé à Nìmes.
Reçu 15 fols. Vifa 10 fols. Solier. *figné*. Collationné
Me. Darlhac, notaire , *figné*.

Le temps que l'impreffion des pièces juftificatives a pris ,
nous permet de parler d'un fervice folennel que la garde
nationale a fait célébrer aujourd'hui, 20 octobre , fur la
place de l'Efplanade , pour les gardes nationales de
Metz , Toul & Pont-à-Mouffon , qui ont péri fous les
murs de Nanci. Les curés , les ordres religieux , le direc-
toire de département, celui du diftrict , les juges nouvel-
lement élus , le régiment de la Marine , les dragons de

Lorraine, l'état-major de la Place, la maréchauſſée, toute la garde nationale & une foule de citoyens y ont aſſiſté. Cette cérémonie, dont l'objet eſt ſublime, eſt devenue impoſante par le ſilence qui y a régné, par la noble ſimplicité du ſervice, le recueillement religieux des aſſiſtans, & la réunion d'un ſi grand nombre de citoyens qui annonce l'expreſſion d'un même ſentiment.

Par le club des amis de la conſtitution.

F. Aubry, Préſident. BLANC-PASCAL, GERMAIN, CASTANET, NOGUIER le fils, ſecrétaires.

Nota. Dans le tableau des contributions de la municipalité, ſous le N°. II des pièces juſtificatives, MM. Deleuze & Caſtinel, notables, ne ſont compris pour aucune ſomme, parce qu'on n'a pu ſe procurer ni la cote de leurs impoſitions, ni celle de leurs contributions patriotiques.

A PARIS, DE L'IMPRIMERIE NATIONALE, 1790.